Laure Monloubou

Olga und der Ruf des Waldes

Für Géraldine, ihre aufmerksamen Lektüren
und ihre sehr wertvollen Ermunterungen.
Und für Bloom, Herrn Katers Alter Ego.

FSC
www.fsc.org
MIX
Papier | Fördert gute Waldnutzung
FSC® C014496

ISBN 978-3-7432-1383-8
1. Auflage 2024
Erschienen unter dem Originaltitel *Olga et le cri de la forêt*

Bühlstraße 4, D-95463 Bindlach
Aus dem Französischen übersetzt von Ann Lecker
Umschlag- und Innenillustrationen: Laure Monloubou
Umschlaggestaltung: Johanna Mühlbauer
Druck und Bindung: GGP Media GmbH, Karl-Marx-Straße 24, D-07381 Pößneck

www.loewe-verlag.de

Laure Monloubou

Olga und der Ruf des Waldes

Aus dem Französischen übersetzt
von Ann Lecker

Mit Illustrationen der Autorin

Loewe

Kapitel 1

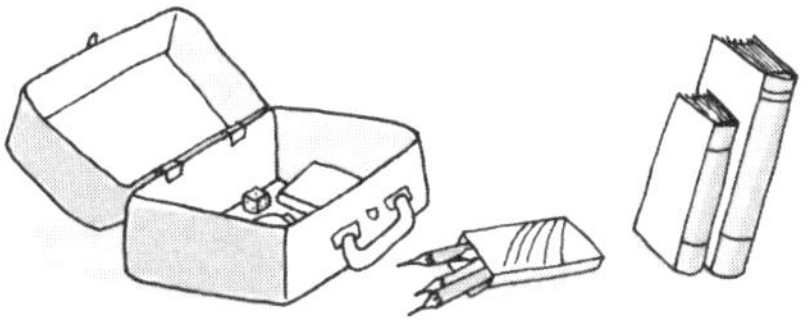

Olga war acht Jahre alt und sie war schon sechsmal umgezogen.

In einem achtjährigen Leben sechsmal Schokoladenkuchen zu essen, ist wenig. Sich in acht Jahren sechsmal die Zähne zu putzen, ist so gut wie gar nichts. Aber sechsmal umzuziehen, ist in einem so jungen Leben wie dem Olgas ausgesprochen viel. Weil sie so oft umzog, besaß sie nur das Allernötigste: Olgas Habseligkeiten passten in einen kleinen Koffer. So musste sie, wenn Robert, ihr Papa, eines Morgens aufwachte und mitten beim Frühstück mal wieder verkündete: „Meine Liebsten! Wir brechen wieder zu einem Abenteuer auf!“, nur ihre Hefte, ihr Mäppchen, ihre vier Bilderbücher, ihre Schachtel Buntstifte, ihr blaues Kaninchen, ihre fünf Spielkarten, ihre Puppe Mathilde und ihren Spielwürfel einpacken und schon war sie startklar! Während Robert den Bücherschrank im Wohnzimmer auseinanderbaute, trank Fedora, Olgas Mama, in Windeseile ihren Tee aus. Die Tasse räumte sie zusammen mit der Teekanne, die noch mit einer nach Orangen und Weihnachten duftenden russischen Mischung gefüllt war, in einen Karton. Dann küsste sie ihren Mann, leerte den Inhalt des Kühlschranks in die Kühlbox, legte die Kleider in eine Kiste, faltete die

Campingstühle zusammen und knotete ihren Dutt neu. Während ihr Mann alles in den Wagen lud, warf er ihr einen Kuss zu. Das Sofa schnallten sie auf das Dach, stapelten die Matratzen im Kofferraum auf und stellten Herrn Katers Katzenklo obendrauf. Und dann komme, was wolle, ab die Post, auf geht's, nichts wie los!

Und so fanden sie sich alle drei vorne in ihrem alten Peugeot Kombi aus dem Jahr 1957 wieder, den sie von einer für ihre Zeit sehr modernen Tante geerbt hatten. Sie brachen auf zu neuen Ufern und ließen ihr vorheriges Leben hinter sich …

Kapitel 2

Und so beginnt diese Geschichte an einem Morgen, als sie sich wieder einmal auf den Weg machten. Olga hatte gerade erst ihr Butter-Marmeladen-Brot aufgegessen und Fedoras Tee war kaum fertig gezogen, als Robert, der seinen Kaffee bereits getrunken hatte, auch schon erklärte: „Zeit zu gehen!“ Sobald Olga ihn die Kartons hatte hervorholen sehen, hatte sie begriffen. Es dauerte nicht lange, bis der alte Kombi aus allen Nähten platzte. Herrn Katers Schnurrhaare waren ganz zerzaust, und auch wenn er nichts sagte, ging ihm das alles doch ein klein wenig gegen den Strich. Olga hatte ihren kleinen Koffer gepackt und ihr Zimmer, oder vielmehr ihr

ehemaliges Zimmer, war nun so gut wie leer. Nur ein Bettpfosten und ein dazu passender weißer Wandschrank blieben zurück. Zum siebten Mal in Olgas Leben zwängte sich die ganze Familie vorne in ihren Wagen, zum siebten Mal fuhr sie los und wie jedes Mal fragte sich Olga ganz aufgeregt: Wohin?

Sie hatten bereits ein gemütliches Häuschen im englischen Stil, eine klitzekleine Pariser Mansarde, ein modernes Architektenhaus (mit Schwimmbad), einen schlichten Bungalow an der südlichen Atlantikküste, ein herrschaftliches, viel zu kaltes Schloss, eine behagliche, eingeschneite Hütte und schließlich eine praktische 3-Zimmer-Wohnung im zwölften Stock eines Gebäudes aus dem Baujahr 1972 ihr Heim genannt. Wohin würde es sie diesmal verschlagen? Eigentlich war Olga das gar nicht so wichtig. Denn vor allem liebte sie es, vorne im Auto zwischen ihrer Mama und ihrem Papa zu sitzen und die Landschaften, die Städte, die kleinen Dörfer und die Leute am Straßenrand an ihr vorbeihuschen zu sehen, ohne dass diese sich vom Fleck bewegten. Sie liebte es, die Dämmerung hereinbrechen zu sehen und die Sterne zu betrachten, die hinter der großen Windschutzscheibe aufgingen. Wenn sie sie so hell leuchten sah, erwartete sie fast, dass das Auto gleich

abheben würde und ihr Papa ein hübsches Haus für sie auf dem Mond aufgetrieben hatte. Und so schlief Olga mit der Wange an den Arm ihrer Mama geschmiegt ein, während diese ihrem Papa ganz bestimmt Geschichten erzählte.

„Wir sind da!“, rief Robert.

Olga hatte Mühe aufzuwachen. Ein kleiner Sonnenstrahl kitzelte ihr Lid und versuchte, ihr sanft die Augen zu öffnen.

„Dieses Haus ist großartig! Viel besser als auf dem Foto!“, stieß Robert hervor. Robert, das muss man schon zugeben, besaß trotz seines bereits fortgeschrittenen Alters (er war fast achtunddreißig Jahre alt) die verblüffende Fähigkeit, über Dinge zu staunen und sich von ihnen bezaubern zu lassen.

„Robert, es ist unglaublich!“, begeisterte sich Fedora, die ebenfalls eine Vorliebe für alles Fabelhafte hatte.

„Ah, Fedora! Ich wusste, dass es dir gefallen würde!“, erwiderte Robert, küsste seine Frau und wandte sich dann Olga zu.

Olga war aus dem Wagen gestiegen und bewunderte das Haus. So ein stattliches Bauwerk kannte sie bislang nur aus Märchenbüchern oder außergewöhnlichen Geschichten. Es war atemberaubend und einzigartig: ganz verschnörkelt und von der Zeit, dem Regen und den Jahreszeiten gealtert. Und überall waren Fenster! Große, kleine, runde, lang gestreckte, zusammengedrückte, ovale, gewölbte, dreieckige, geöffnete und geschlossene! Das Haus

hatte drei Stockwerke, einen Balkon auf dem zweiten und außerdem noch einen Turm. Hat nicht jeder schon davon geträumt, in einem Haus mit Turm zu wohnen? Es war ein Turm mit einem spitz zulaufenden Ziegeldach, auf dem eine Wetterfahne saß, über der wiederum ein langer, schmaler Wimpel im Wind wehte. Das Muster des Wimpels konnte Olga von unten nicht ausmachen.

„Gehen wir rein, meine Goldstücke!“, trällerte Robert, während er einen Schlüsselbund durch die Luft schwenkte.

Kapitel 3

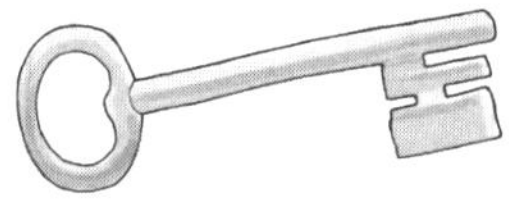

Robert drehte den riesengroßen Schlüssel in dem riesengroßen Schloss der normal großen Eingangstür. Er schob den Türflügel auf und lud Fedora mit einer ausschweifenden Bewegung ein hineinzugehen. Doch Herr Kater, für den es eine Frage der Ehre war, jeden neuen Ort als Erster zu erkunden, schlängelte sich durch ihre Beine hindurch. Da Fedora wusste, dass Herr Kater bei dieser Sache (und einigen anderen, die ich hier nicht alle aufzählen kann) sehr empfindlich war, nahm sie keinen Anstoß daran.

Sanfter Sonnenschein liebkoste die Wände, spiegelte sich auf dem Parkettboden wider und ließ

Tausende kleiner Staubkörner in der Luft tanzen. Fedora öffnete die Fenster und entließ sie hinaus in die Freiheit, damit sie ihr Leben in dem Wald nebenan genießen konnten. Bei jedem Schritt knarzte das Parkett.

Robert klopfte an die Wände, um zu überprüfen, wie dick und fest sie waren: „Ah! Was für eine wunderbare alte Bude! Ich kann es spüren, meine Lieben, hier werden wir uns pudelwohl fühlen!"

Olga beobachtete, wie ihr Papa die Wände abklopfte. Über die Stabilität der Häuser machte sie sich nie Sorgen. So wenig Zeit, wie sie in jedem verbrachte, spielte sie sowieso keine Rolle.

Im Erdgeschoss befanden sich das Wohnzimmer mit Kamin, die Küche und ein Arbeitszimmer. Eine schöne Holztreppe führte in den ersten Stock hinauf, wo es zwei Schlafzimmer gab, dann weiter in den zweiten, dort gab es zwei Räume, und schließlich in den dritten, auf dem noch ein Zimmer und eine sehr enge

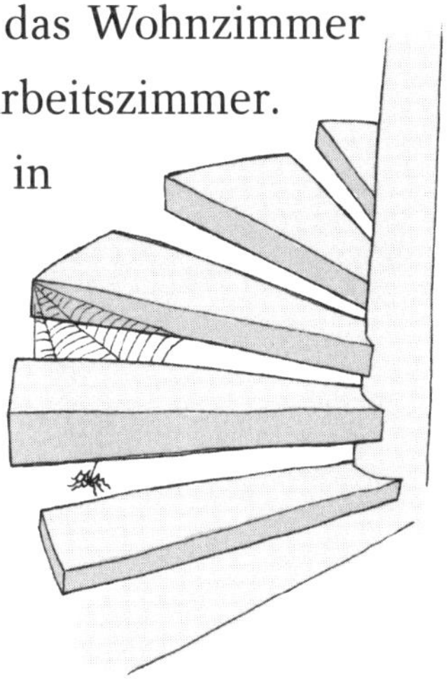

Wendeltreppe zu finden waren, über die man den Turm erreichte.

Robert war bereits ganz oben und drehte sich wie ein glückliches kleines Kind mit ausgebreiteten Armen im Kreis: „Seht euch dieses fantastische Zimmer an! Das wird unser Wohlfühlnest, unsere Bibliothek und Sternwarte, hier sind wir den Sternen so nah! Fedora, mein Herzblatt, bist du glücklich?“

„Oh, Robert!“

„Olga, mein Blümchen?“

Robert nahm seine Tochter in die Arme und Olga sah die Freude in seinen Augen und schenkte ihm ein strahlendes Lächeln.

An allen neuen Orten durfte Olga sich ihr Zimmer selbst aussuchen. Hier hatte sie sich, ohne viel zu überlegen, für das Zimmer im dritten Stock entschieden, das, so muss ich zugeben, auch meine Wahl gewesen wäre: oberster Stock, ruhig, groß genug, aber nicht zu groß, und noch dazu mit drei Fenstern – ein viereckiges und zwei runde mit Ausblick auf den Wald, wo sie bestimmt schon bald ein paar Rehe herumspringen sehen würde. Es war das beste Zimmer im ganzen Haus (wenn man den Turm nicht mitzählte natürlich – denn träumt nicht jeder von einem Turmzimmer? Ja, einfach unglaublich!).

Fedora und Robert hatten bereits alle Sachen aus dem Wagen geladen und kochten in der Küche Kaffee. Herr Kater hatte seinen Platz gefunden, neben dem Kamin im Wohnzimmer. Er war sehr vorausschauend: So sicherte er sich gleich ein nettes Plätzchen für die langen Winterabende (es war gerade einmal Juni). Auch das Sofa hatten sie nicht vergessen. Es war perfekt platziert, genau gegenüber dem Kamin, nicht weit von einem alten Schrank, der schon da gewesen war, und einem Klavier, auf dem seit Langem niemand mehr gespielt hatte.

Olgas Zimmer war ausgestattet mit:

- einem fantastischen Himmelbett, auf das sie Olgas Matratze legten
- einem alten Schreibtisch mit vielen kleinen Schubladen, an dem ihr Mama oder Papa Unterricht geben würden
- einem kleinen Bücherregal, das wie für Olgas Bücher geschaffen war

Olga liebte Bücher. Auch wenn sie nur vier Stück besaß, hegte und pflegte sie sie wie einen Schatz. Sie waren voller merkwürdiger Zeichnungen, Kupferstiche und unglaublicher Bilder, in denen Tiere Prinzessinnen retten und Frösche mit Schnecken plaudern.

Die vier Wände des Zimmers zierte eine hinreißende Tapete, auf der bezaubernde kleine Szenen mit zwei Kaninchen abgebildet waren: Das eine knabberte an einer Karotte, das andere spielte „Häschen hüpf“ und dieses Muster wiederholte sich Hunderte von Malen. Die Tapete war zwar sehr hübsch, aber an einer Wand war sie beschädigt und abgenutzt. Als Robert Olgas Gesicht sah, versprach er ihr, das so schnell wie möglich zu beheben. In der Zwischenzeit könnte sie die Tapete abreißen, was, da seid ihr bestimmt ganz meiner Meinung, sehr viel Spaß macht. So nahm sich Olga vor, am nächsten Tag die Tapete zu entfernen. Gleichzeitig behielt sie aber im Hinterkopf, ein paar Stücke davon zu behalten, denn diese kleinen Kaninchen waren ja nun wirklich sehr niedlich.

Kapitel 4

Sie verbrachten eine gute erste Nacht in ihrem neuen Haus, auch wenn es nie einfach ist, sich an einem noch unbekannten Ort richtig auszuruhen. Das Licht an den Ecken der Fenster fällt nicht an denselben Stellen ein und manchmal findet man in der Dunkelheit seinen Weg zum Klo nicht mehr. Zum Glück musste Olga nicht und schlief die Nacht durch.

Nach einem ausgiebigen Frühstück waren alle gestärkt und startklar, um das Haus zu putzen und aufzuräumen. Also, wenn ich „alle" sage … Herr Kater hatte andere Pläne und streckte sich vor dem Kamin. Anscheinend war er immer noch müde. Fedora polierte die Holztäfelungen und erfüllte die Räume mit dem lieblichen Wachsduft, der an die Häuser von Großmüttern erinnert. Robert bemühte sich, die wackeligen Stufen zu reparieren und andere Stellen im Parkett, an denen man sich Splitter in den Füßen holen könnte. Das Haus erwachte wieder zum Leben und die frische Landluft wehte durch alle Fenster herein, sogar durch die kleinsten.

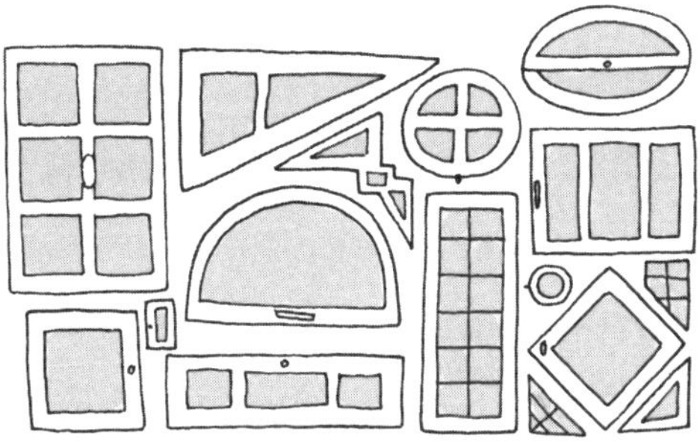

Olga konzentrierte sich darauf, die Tapete in ihrem Zimmer zu entfernen. Dabei achtete sie ganz besonders darauf, die Kaninchen nicht zu beschädigen. Sie hatte in einer Ecke unten rechts begonnen und arbeitete sich methodisch entlang der Fußleiste vor. Auf diese Weise löste sie kleine Stücke Tapete ab und entdeckte gleichzeitig in aller Ruhe die Wand dahinter. Beim Abreißen des sechzehnten Tapetenstücks, auf dem das karottenknabbernde Kaninchen abgebildet war, stellte Olga fest, dass die Fußleiste nicht wie erwartet weiter am Parkettboden entlang verlief, sondern in einem 90-Grad-Winkel gerade nach oben führte. Olga riss die Tapete weiter von der Wand ab, während sie dieser neuen Richtung folgte. Auf die kleinen Kaninchen achtete sie schon kaum mehr und durchtrennte eines sogar ganz, als die Fußleiste plötzlich wieder waagrecht verlief. Olga folgte ihr und schabte in Windeseile die Tapete ab, bis die Leiste erneut die Richtung änderte. Sie führte zurück zum Boden! Diesmal riss Olga ein großes Stück Tapete ab und betrachtete ihren Fund: Die Fußleiste bildete ein Rechteck und in der Mitte des Rechtecks befand sich eine Tür. Eine ganz kleine Holztür, kaum höher, als ein Unterarm lang ist, und nicht viel breiter als eine Hand, also eine große Hand, versteht sich. Und wie alle Türen besaß sie einen Knauf und ein Schloss, allerdings einen ganz kleinen Knauf und ein ganz kleines Schloss. Olga rührte sich nicht mehr. Auf dem Boden um sie herum lagen Kaninchen über Kaninchen und sie alle hielten den Atem an.

Olga hatte sich vor die kleine Tür gekauert und führte ihr Gesicht näher heran. Mit dem Blick fest auf die Tür gerichtet streckte sie die Hand aus, nahm den kleinen Messingknauf zwischen Daumen und Zeigefinger und drehte ihn. Die Tür bewegte sich nicht, sie war abgeschlossen. Olga versuchte es noch ein paarmal, aber da war nichts zu machen, die Tür war in der Tat verriegelt. Olga ließ sich auf den Po plumpsen. Sie betrachtete die Tür. Ach was, nein, sie betrachtete das Schlüsselloch und sagte sich: „Wenn es ein Schloss gibt, muss es auch irgendwo einen Schlüssel geben."

Kapitel 5

Köstlicher Brathähnchenduft teilte Olga mit, dass Essenszeit war. Sie stellte das kleine Bücherregal vor ihre Entdeckung, weil sie sie ihren Eltern nicht gleich zeigen wollte. Schließlich stößt man in seinem Zimmer nicht jeden Tag auf etwas so Geheimnisvolles, und dieses Geheimnis gehörte ganz allein ihr, weil sie es gefunden hatte. Olga wollte es für sich behalten, und wir wissen alle, wie toll es ist, ein Geheimnis ganz für sich allein zu haben: Niemand außer dir weiß davon. Ein wunderbares Gefühl!

Aber natürlich ist es ebenso wunderbar, ein Geheimnis mit jemandem zu teilen, den man sehr lieb hat und der es für sich behalten würde und zu schätzen wusste. Jemand, mit dem Olga sich gemeinsam hätte überlegen können, was sich wohl hinter dieser Tür verbarg. Jemand, mit dem sie den Schlüssel hätte suchen können. Doch Olga hatte niemanden, dem sie ihr Geheimnis hätte anvertrauen können. Da war zwar Mathilde, ihre Puppe, an der sie wie an einem Menschen hing, aber manchmal hätte sie gern eine Freundin gehabt oder eine Klassenkameradin. Olga ging nicht in die Schule, es waren schon immer Robert oder Fedora, die sie unterrichteten. Und Olga konnte ihre Geheimnisse sowieso niemandem anvertrauen.

Sie hüpfte die Treppe zwei Stufen auf einmal hinunter. Auch Herr Kater erschien und schlängelte sich um die Beine des Küchentischs: Er liebte Hähnchenhaut.

Olgas Eltern hatten eine gute Flasche Wein aufgemacht, um diese erste Mahlzeit in ihrem neuen Haus zu feiern, und Olga trank Litschi-Saft. Bevor ich Olga kannte, wusste ich nicht einmal – genau wie ihr vielleicht –, dass es so etwas wie Litschi-Saft

überhaupt gab. Neben Aprikose und Grapefruit war es ihr Lieblingssaft.

Fedora und Robert wurde es nicht langweilig, sich gegenseitig die Aufteilung der Räume im Haus zu erklären: im Erdgeschoss die Küche, das Wohnzimmer und ihr Schlafzimmer. Der erste Stock war wie dafür gemacht, um dort zwei Arbeitszimmer für die beiden einzurichten – für sie auf der Ostseite und für ihn auf der Westseite. So konnte sie ihren Gesang üben, ohne irgendjemanden zu stören, und er konnte an seinen Lateinübersetzungen arbeiten, während er den Sonnenuntergang betrachtete. Der zweite Stock war von keinem großen Nutzen, was ihn ganz besonders kostbar machte, der dritte Stock war Olgas Reich und der Turm würde eine traumhafte Bibliothek abgeben!

Olga schlang ihr Hähnchen hinunter, so sehr beschäftigten sie die kleine Tür und der noch kleinere Schlüssel, mit dem sie sie öffnen könnte. Fedora, die ihre Tochter nur allzu gut kannte, fuhr ihr mit der Hand durchs Haar und riss sie so aus ihren Träumereien. Auf den fragenden Blick ihrer Mutter setzte

Olga ein strahlendes Lächeln auf und biss herzhaft in ihren Hähnchenschenkel, um zu zeigen, dass alles in Ordnung war.

Nach dem Essen wollten sie noch einen kleinen Spaziergang in der Umgebung und im angrenzenden Wald machen.

Kapitel 6

Olga nahm sich gleich dreimal Nachtisch nach, worüber Robert und Fedora sehr erstaunt waren. Das sah ihr gar nicht ähnlich. Aber Olga hatte einen Plan: So konnte sie ganz leicht Bauchschmerzen vortäuschen, um nicht auf den Verdauungsspaziergang mitgehen zu müssen. Olga log ihre Eltern nur selten an, doch sie wollte der Sache mit der Tür unbedingt auf den Grund gehen und mehr darüber herausfinden. Nach dem Essen klopfte sie sich mit Dackelblick auf den Bauch …

„Oh, mein Olgalein, du hast zu viel gegessen!“, sorgte sich Fedora. „Mach es dir auf dem Sofa bequem.“

Olgas Plan ging wunderbar auf.

„Ruh dich aus, mein Schatz“, fügte Robert hinzu, während er ihre Schultern drückte, „wir drehen nur eine kleine Runde im Wald und sind im Handumdrehen wieder da.“

„Meinst du wirklich, dass wir sie hier allein lassen können, mein Herz?“

„Wir werden nicht lange weg sein, sie wird sich ein bisschen ausruhen und Herr Kater ist ja da, um auf sie aufzupassen.“

Herr Kater öffnete ein Auge, leckte sich die Pfote und kratzte sich am Ohr: Auf ihn war Verlass.

Olga schleppte sich zum Sofa – sie war eine ausgesprochen gute Schauspielerin – und ließ sich mit ernster Miene auf die Kissen fallen. Fedora gab ihr einen dicken Kuss und Robert wuschelte ihr durchs Haar. Bevor sie die Küche verließen, winkten sie ihr noch einmal zu. Olga wartete ein paar Minuten, reckte dann den Hals und blickte durch das Fenster. Sie sah ihre Eltern am Waldrand, gleich würden sie zwischen den Bäumen verschwinden.

Herr Kater, der nicht von gestern war, sah sie

fragend an. Olga legte einen Finger auf die Lippen, um ihm klarzumachen, dass er das alles für sich behalten sollte. Dann stand sie auf und ging die Treppe hoch in ihr Zimmer. Herr Kater gab einen tiefen Seufzer von sich, streckte sich und folgte Olga die Treppe hinauf. Er hatte bei dieser Sache kein gutes Gefühl und nahm seine Aufgabe sehr ernst.

Olga schob das Bücherregal beiseite: Die kleine Tür war immer noch da. Herr Kater beobachtete

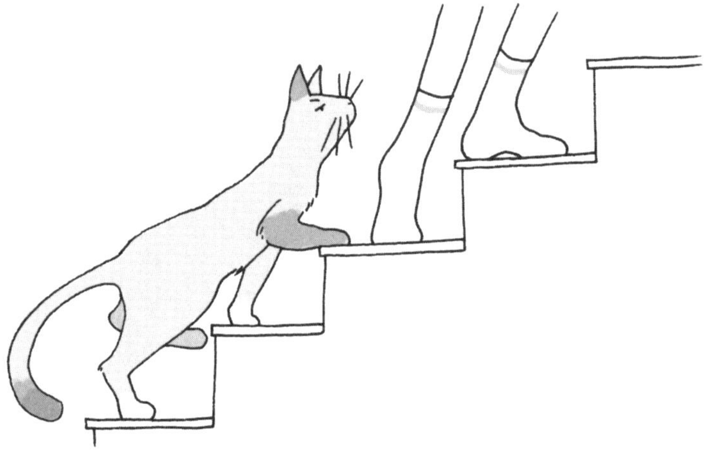

Olga. Es war ihm einfach unbegreiflich, wie man so viel Energie verschwenden konnte. Die Tür hingegen überraschte ihn kein bisschen. Es braucht so einiges, um eine Katze zu überraschen. Olga versuchte noch einmal, die Tür zu öffnen, aber sie war nach wie vor fest verschlossen. Wenn Olga einfach ihr Ohr an die Tür hätte drücken können, hätte sie vielleicht sogar irgendwelche Geräusche gehört … Doch Olgas Ohren funktionierten nicht. Stimmen, Musik, Miauen, das alles hörte sie nicht. Herr Kater leckte ihre Hand, um sie aus ihren Gedanken zu reißen. Sie lächelte ihn an und klopfte an die Tür. Drei kurze Schläge, vielleicht würde ja einfach jemand aufmachen! Sie versuchte es ein weiteres Mal, diesmal mit vier kleinen Schlägen, aber nichts passierte. Sie wusste nicht, was sie noch tun sollte. Eine radikale und nicht sehr diskrete Möglichkeit hätte es natürlich gegeben: Sie hätte die Tür mit einer Axt zertrümmern können. Doch diesen Gedanken vergaß sie am besten gleich wieder. Würde es euch denn gefallen, wenn jemand eure Eingangstür zerstört, nur um eure Bekanntschaft zu machen? Natürlich nicht! Olga kam zu demselben Schluss und schob das Bücherregal wieder vor die Wand.

Sie nahm ihre Puppe Mathilde und legte sich auf ihr Bett. Herr Kater rollte sich neben ihr zusammen, woraufhin Olga tief und fest einschlief.

Kapitel 7

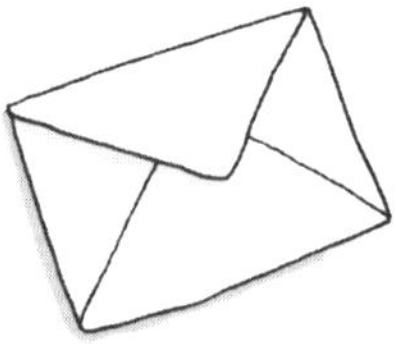

Als Olga aufwachte, war es draußen schon dunkel. Herr Kater lag nicht mehr neben ihr. Olga stand auf, ging die Treppe hinunter und stellte fest, dass unten kein einziges Licht brannte. Sie drückte auf den Lichtschalter in der Küche und alles war noch wie vorhin, der Tisch war nicht abgeräumt. Dann ging sie wieder nach oben und sah in allen anderen Zimmern nach: Es war niemand da. Olga konnte weder rufen noch schreien. Sie blickte nach draußen und sah das Auto – ihre Eltern waren also nicht weggefahren. Aber aus dem Wald waren sie auch nicht zurück. Sonst hätten sie abgeräumt, Olga mit einem Kuss geweckt und sich vergewissert, dass es ihr besser ging. Olga fing an zu schluchzen, sie wusste nicht, was sie tun sollte. Auf einmal fühlte sie sich mutterseelenallein. Sie bereute es, dass sie nicht mit ihren Eltern spazieren gegangen war. Sie bereute, dass sie sie angelogen hatte, und war völlig in Tränen aufgelöst. Als Herrn Katers sanftes Fell um ihre Beine strich, nahm sie ihn hoch, drückte ihn ganz fest, vergrub das Gesicht in seinem warmen Bauch und spürte sein Schnurren. Das machte ihr Mut: Sie war doch nicht allein.

Herr Kater leckte ihr die Wangen, um sie zu trösten, auch wenn er nicht so recht verstand, was los war.

Olga, die ein tapferes kleines Mädchen war, setzte sich an den Küchentisch und versuchte nachzudenken. Aber wenn man ganz schrecklich verzweifelt ist, ist das gar nicht so einfach. Herr Kater saß auf dem Tisch und sah sie an. Er schien auf Anweisungen zu warten oder auf den Rest der Hähnchenhaut, wer konnte das schon sagen? Plötzlich stand Olga auf, schnäuzte sich laut in eine Serviette und marschierte wieder hinauf in ihr Zimmer. Herr Kater sprang elegant vom Tisch und folgte ihr. Oben stellte sich Olga vor das kleine Bücherregal. Sie wusste, dass sich hinter dieser Tür etwas befand, und so wie sich die Dinge entwickelten, musste sie unbedingt geöffnet werden, ganz egal, wie. Diese Kleine hatte einen starken Willen! Und so schob sie erneut das Möbelstück zur Seite. Herr Kater schnupperte am Fuß der kleinen Tür, dahinter musste sich auf jeden Fall etwas befinden. Olga trat nach vorne und bugsierte Herrn Kater aus dem Weg. Unter der Tür ragte ein Stück Papier hervor. Olga schnappte es und hielt es sich vors Gesicht: Es war ein Umschlag, ein winziger Umschlag, nicht viel größer als eine winzige Briefmarke. Darauf stand ein mikroskopisch kleines Fragezeichen. In Olgas Kopf und Körper wirbelte alles durcheinander. Sie war aufgewühlt und aufgeregt, sie fürchtete und freute sich, diesen Umschlag in Händen zu halten. Herr Kater wurde ungeduldig: Sie musste ihn sofort aufmachen! Und so öffnete Olga ganz vorsichtig den kleinen Umschlag und nahm einen gefalteten Zettel heraus. Sie faltete ihn auseinander und selbst dann war er nicht sonderlich groß. Mehrere klitzekleine Zeichnungen füllten das Blatt. Hinter dieser Tür wohnte jemand und dieser Jemand versuchte, mit Olga zu kommunizieren …

Kapitel 8

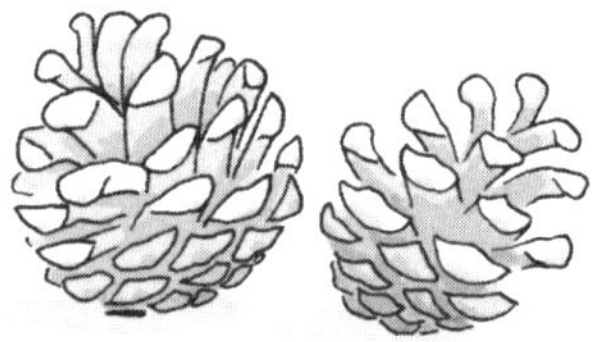

Olga stellte sich unter die Schreibtischlampe, um besser zu sehen, und entdeckte die kleinen Bilder auf dem Zettel. Das erste Bild zeigte ein Männchen neben zwei aufeinandergetürmten Tannenzapfen. Olga verstand sofort, dass es sich um den Verfasser des Briefs handelte und dass er ihr seine Größe mitteilte – hab ich's euch nicht gesagt? Olga war ein helles Köpfchen. Auf dem zweiten Bild war ein Baum. Olga runzelte verdutzt die Stirn: ein Baum, hm … Gar nicht so einfach! Darauf würde sie später zurückkommen. Sie liebte Bilderrätsel und würde die Lösung schon noch finden. Da war auch noch das Bild einer rot durchgestrichenen Katze. Herr Kater verzog das Gesicht und tat so, als würde er sich für das darauffolgende Bild interessieren, auf dem ihr Haus abgebildet war. Wegen der vielen Stockwerke und des Turms war es sofort zu erkennen. Auf dem letzten Bild war eine Art Wohnblock zu sehen, mit ganz vielen Fenstern … und ein Pfeil, an dessen Ende ein Schlüssel gezeichnet war!

Olga dachte nach: In der Umgebung gab es kein anderes Haus und schon gar keinen Wohnblock. Was stellte diese Zeichnung dann bloß dar? Herr Kater seufzte tief: Diese ganzen Rätsel gingen ihm langsam auf die Nerven. Außerdem rückte die Essenszeit immer näher und wie es aussah, konnte er sich nicht darauf verlassen, dass es tatsächlich etwas zu essen geben würde. Olga überlegte und überlegte, drehte den kleinen Zettel nach rechts und links, nach oben und unten, aber ihr wollte nichts einfallen.

Und so holte sie ihr Heft heraus, nahm einen Stift und kritzelte los. Sie zeichnete sich selbst mit einem kleinen Tannenzapfen zu ihren Füßen. Herrn Kater malte sie ebenfalls (er erkannte sich sofort wieder) sowie zwei schöne rote Herzen daneben. Olga wollte dem kleinen Männchen zu verstehen geben, dass sie ihm nichts Böses wollten.

Als Letztes zeichnete sie den Schlüssel und daneben ein Fragezeichen. Olga musterte noch einmal ihr Werk, mit dem sie recht zufrieden war, faltete den kleinen Zettel und schob ihn dann unter der Tür hindurch. Er verschwand prompt, als der Bewohner dahinter ihn sich schnappte. Herr Kater sprang vom Schreibtisch, schnupperte unter die Tür und nieste.

Kapitel 9

Ein paar Augenblicke später tauchte der Zettel wieder auf. Herr Kater, der darauf lauerte, legte sofort seine Pfoten darauf und schob das Blatt Papier vorsichtig Olga zu, die es auseinanderfaltete. Neben der Zeichnung, die sie darstellte, war ein kleines Herz hinzugefügt worden und ein paar kleine Details brachten die von Herr Kater noch mehr zu Geltung – wie Rauch, der ihm aus den Ohren und anderen Orten kam. Herr Kater zog eine Augenbraue hoch: Was war das denn für ein verrücktes Kerlchen? Olga zauberte es ein Lächeln aufs Gesicht. Das war schon mal gar nicht so schlecht. Und neben der Zeichnung des Schlüssels war noch einmal das Objekt abgebildet, das Olga zuerst für einen Wohnblock gehalten hatte. Sie verstand sofort, dass sie sich geirrt hatte, und drehte sich um. Es war kein Wohnblock, sondern der Schreibtisch in Olgas Zimmer! Mit seinen vielen kleinen Schubladen, die sie auf dem Bild für Fenster gehalten hatte.

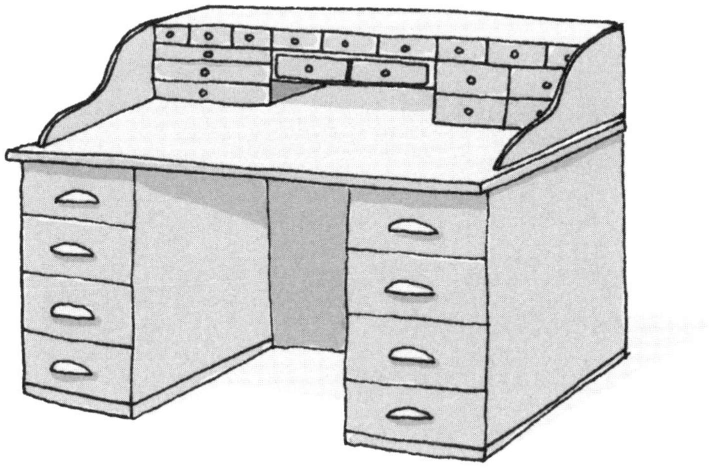

Daran hatte Olga gar nicht gedacht: Der Schlüssel war hier, direkt vor ihrer Nase! Sie sprang auf, stellte sich vor den Schreibtisch und fing an, eine Schublade nach der anderen aufzuziehen. Die erste

Schublade war leer, die zweite war voller Knöpfe, die dritte voller verwelkter Gänseblümchen, die vierte war wieder leer … Herr Kater kratzte an den Schubladen und schnüffelte, er hielt es einfach nicht mehr aus … Die fünfte Schublade war randvoll mit Musterklammern, in der sechsten lagen alte gestempelte Briefmarken, in der siebten eine Garnrolle, in der achten Muscheln, in der neunten ein blaues Ticket für eine Karussellfahrt … Seufzend ließ sich Herr Kater auf den Hintern plumpsen … Die zehnte beinhaltete Luft, in der elften lag ein wenig Staub, in der zwölften eine Kugelschreiberkappe, in der dreizehnten eine Feder, in der vierzehnten kleine Steine, in der fünfzehnten ein Stück Wolle, in der sechzehnten … Bei der sechzehnten Schublade hielten sie den Atem an. Herr Kater sah Olga an, Olga sah Herrn Kater an. In der sechzehnten Schublade lag ein Schlüssel, ein winziger Schlüssel, der geduldig dort wartete! Herr Kater trottete näher heran, seine Schnurrhaare bebten. Das war tatsächlich der Schlüssel. Olga schnappte ihn sich. Obwohl er so klein war, war er schwer und echt. Ein Schildchen war daran befestigt, auf dem diese wenigen Worte geschrieben standen: Niemals die Tür öffnen, unter keinen Umständen.

Olga konnte die krakelige Schrift nicht lesen.

Sie führte den Schlüssel zum Schloss, steckte ihn hinein und drehte ihn.

Kapitel 10

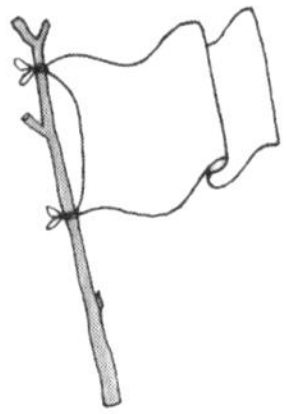

Die Tür öffnete sich einen Spaltbreit und Olga und Herr Kater starrten sie regungslos an. Dann erschien eine winzige Hand und schwenkte einen weißen Stofffetzen hin und her. Olga wusste, was das bedeutete. Auf diese Weise teilte man anderen mit: „Es ist alles Ordnung, ich bin harmlos, bitte tut mir nichts.“ Die energische kleine Hand hörte gar nicht mehr auf, mit dem Stoff zu wedeln. Olga und Herr Kater sahen sich an und Herr Kater hob eine Augenbraue: Bei diesem Tempo konnte es ja noch ewig dauern, bis sie endlich erfuhren, wie die Geschichte weiterging! Deshalb erlaubte er sich ein halbwegs freundliches „Miau“. Als Antwort traf ihn eine winzige Kugel am Kopf. Ein Männchen mit einem Blasrohr im Mund war aus der Tür getreten. Es griff noch einmal an und – *paff* – eine zweite Kugel traf Herrn Kater zwischen die Augen. Er schnaubte genervt. Begriff dieser Wicht denn nicht, dass er ihn in einem Stück verschlingen konnte?

Herr Kater näherte sich ihm, bis seine Schnauze die ganz knirpsige Nase des kleinen, völlig erstarrten Männchens fast berührte. Es hatte das Blasrohr noch immer im Mund und versuchte ein drittes Mal zu schießen, doch es war so angespannt, dass es das Kügelchen verschluckte. Sein Blick wechselte von

Angst zu Überraschung, es fing an zu husten und wurde ganz rot. Olga schnappte Herrn Kater und hielt ihn fest im Arm, während sie das kleine Männchen beobachtete, das wild mit den Händen fuchtelte, sich hustend auf die Brust schlug und immer röter wurde. Das war gar nicht gut. Sie musste etwas tun! Und so packte Olga das Männchen am Bein und drehte es wie einen Salzstreuer um: Was reingegangen war, konnte auch wieder rauskommen! Sie schüttelte es kräftig, bis schließlich die Kugel auf den Boden purzelte. Olga lächelte. „Der ist aber klein!“, dachte sie. In der Tat war er nicht größer als zwei kleine Tannenzapfen, zwei aufeinandergetürmte Tannenzapfen. Er trug ein weißes Hemd, eine beige Hose und Stiefel (vermutlich in Schuhgröße 0,21). Wie schade, dass er keine hübsche Wichtelmütze trug, ging es Olga durch den Kopf. Das wäre einfach perfekt gewesen.

Das kleine Männchen gestikulierte weiter wild herum und zeigte auf den Boden. Aber Olga beobachtete es weiter, weshalb es nur noch mehr zeterte!

Der Wichtel hing immer noch mit dem Kopf nach unten, bis Olga endlich verstand und ihn vorsichtig auf die Füße setzte. Dann strich er sich die Kleider glatt, brachte sein gelocktes braunes Haar in Ordnung, hüstelte und fing an zu sprechen. Olga hörte nichts, doch das wäre mir und euch genauso gegangen: Die Frequenz seiner Stimme war so hoch, dass man ein sehr feines Gehör gebraucht hätte, um sie auszumachen – ein Gehör so fein wie das einer Katze. Herr Kater konnte ihn ausgezeichnet hören. Aber er war eine Katze, und Katzen, das wisst ihr so gut wie ich, können, bis zum Beweis des Gegenteils, nicht sprechen. Kurz gesagt, die Situation schien hoffnungslos. Olga lächelte das kleine Männchen an, um ihm zu verstehen zu geben, dass sie tat, was sie konnte, während sie gleichzeitig auf ihre nicht funktionierenden Ohren zeigte. Das winzige Wesen regte sich schrecklich auf und kochte vor Wut, weil es sich kein Gehör verschaffen konnte. Es war immer noch puterrot! Herr Kater war seinerseits heilfroh darüber, dass er nicht sprechen konnte. Solche unhöflichen Worte zu wiederholen … das kam überhaupt nicht infrage! Das kleine Männchen unterbrach sich und verschwand wieder durch die Tür in der Wand. „O nein“, dachte Olga, „wir haben ihn gekränkt.“ Herr Kater leckte sich in aller Seelenruhe die Pfote. Er wusste nämlich, dass dieser unangenehme und ausgesprochen ungehobelte kleine Kerl gleich wieder zurückkommen würde.

Kapitel 11

In der Tat kehrte das Männchen nach ein paar Sekunden zurück und trug zu Olgas vollster Zufriedenheit eine grüne Mütze auf dem Kopf. Unter dem Arm hatte es ein paar zusammengerollte weiße Blätter. Herr Kater schnüffelte an dem kleinen Wandbewohner: Er roch nach Löwenzahn und Fliegen, was ihn dem Kater nur noch unsympathischer machte. Olga holte ihre ersten ausgetauschten Zeichnungen und breitete sie auf dem Boden aus. Das kleine Wesen beugte sich darüber, zeigte auf den Baum und zog ein finsteres Gesicht, während es die Zähne zusammenbiss. Was war das denn für ein Baum? Olga sah es fragend an. Da nahm es einen kleinen Stift aus einer seiner Hosentaschen und zeichnete neben dem Baum noch mehr Bäume. Schon bald füllte eine ganze Reihe von winzigen Bäumen das kleine Blatt. Ein Wald! Es war der Wald!

Olga traten wieder Tränen in die Augen. Ihre Eltern waren im Wald, befanden sie sich etwa in Gefahr? Was lauerte in diesem Wald? Warum musste das ausgerechnet ihr passieren? Warum war sie nicht einfach mit ihnen gegangen? Das Männchen gestikulierte, mimte, lief hin und her, malte und drehte sich, doch Olga verstand überhaupt nichts. Sie war müde und Tränen kullerten ihr über die Wangen. Draußen war es dunkel und ihre einzige Gesellschaft waren eine Katze und ein Wichtel, den sie nicht hören konnte. Sie wollte die Augen schließen und dass alles wieder so war wie vorher. Herr Kater näherte sich Olga – er wusste nicht, was er tun sollte. Es war spät, sie waren alle todmüde und er dachte: „Guter Rat kommt über Nacht, morgen sehen wir weiter.“ Er machte es sich in Olgas Armen bequem und schmiegte sich an sie. Olga putzte sich die Nase, legte sich auf den Boden und sah dem kleinen Männchen beim Zeichnen zu. Offenbar hatte es der Schaffensdrang gepackt, denn es hörte gar nicht mehr auf zu kritzeln. Olga versuchte, die Augen offen zu halten, aber Herrn Katers beruhigende Wärme und ihre Müdigkeit übermannten sie schließlich. Bevor sie einschlief, sah sie noch, wie das Männchen das am Schlüssel befestigte Schildchen zerriss.

Kapitel 12

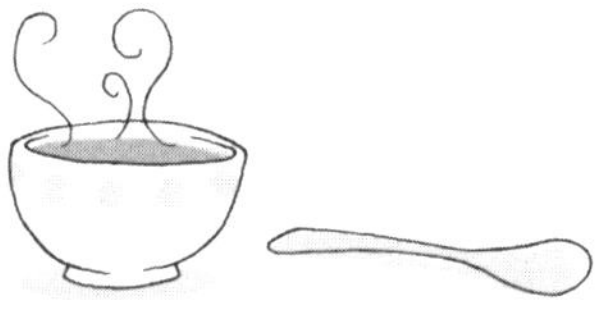

Das sanfte Licht des Morgens weckte Olga. Ihre Rückenschmerzen verrieten ihr, dass das alles kein Traum gewesen war. Und beim Anblick der kleinen Blätter auf dem Boden kam sie zu dem Schluss, dass ihre Eltern noch immer nicht zurück waren. Sie rieb sich die Augen, um besser wach zu werden, und den Rücken, um sich besser auseinanderfalten zu können. Auch das kleine Männchen war weg. Als sie Herrn Katers Blick begegnete, wusste sie, was sie als Allererstes tun musste: frühstücken! Sie ging hinunter in die Küche, räumte den Tisch ab, füllte das Spülbecken mit schmutzigem Geschirr, holte zwei Frühstücksschalen heraus sowie Milch und Kakao, schnitt sich eine Brotscheibe ab und aß. Ausnahmsweise durfte Herr Kater seine Schokomilch auf dem Tisch trinken: In ungewöhnlichen Zeiten muss man es mit den Regeln nicht so eng nehmen. Olga sah ihn an. Herr Kater war immer an ihrer Seite gewesen und war schon da gewesen, da hatte es sie noch gar nicht gegeben. Er tröstete und beschützte sie.

Olga holte tief Luft, sie war glücklich, Herrn Kater zu haben. Er schleckte genüsslich seinen Kakao, sah Olga ebenfalls an und stärkte sich. Dieser Tag würde lang, voller Tücken, zweifellos überraschend und mit absoluter Gewissheit anstrengend werden. Heute mussten sie Olgas Eltern finden, weil sonst … nun ja, was sollten sie beide sonst allein tun?

Olga streichelte Herrn Katers Kopf, es war Zeit. Sie gingen wieder hoch ins Schlafzimmer. Olga betrachtete die Blätter auf dem Boden. Herr Kater erkannte sich auf mehreren Bildern, wobei ihn kaum eines von seiner guten Seite zeigte. Dieses kleine, nach Löwenzahn riechende Männchen verhieß wirklich nichts Gutes. Er würde weiter achtgeben und auf sein junges Frauchen aufpassen müssen. Eine Menge neuer Zeichnungen war hinzugekommen: Manche stellten den Wald, das Haus und seinen Turm dar und man konnte auch Olga und den Wichtel erkennen. Auf einem der kleinen Blätter hatte er einen Mann und eine Frau gezeichnet. „Papa und Mama!“, dachte Olga. Aber wo steckte das kleine Wesen überhaupt? Die winzige Tür war zu. Olga klopfte … Nichts. War er vielleicht im Turm? Sie stellte sich unten an die Wendeltreppe, holte tief Luft und stieg nach oben. Der Raum dort war leer und Olga musste an ihren Papa denken, wie er sich erst gestern in der Mitte des

Zimmers im Kreis gedreht hatte. Ihr stiegen Tränen in die Augen, aber Weinen würde ihr jetzt auch nicht dabei helfen, ihre Eltern zu finden. Da bemerkte sie das kleine Männchen auf dem Fensterbrett. Es zeigte auf den Wald.

Olga spürte ihr Herz schneller schlagen: Sie mussten dorthin! Herr Kater hingegen hatte nicht den geringsten Zweifel, dass dieser Winzling etwas verbarg, die Frage war bloß, was … „Traue niemandem, der nach Fliegen riecht“, dachte Herr Kater zum wiederholten Mal. Das Männchen sprang auf den Boden und bedeutete Olga, ihm zu folgen. In Windeseile hüpfte es die Stufen hinunter und in Olgas Zimmer angekommen, ging es wieder die Bilder durch und blieb vor dem mit dem Wald stehen. Es hatte noch Olga, sich und Herrn Kater hinzugefügt.

Das Männchen wandte sich an Herrn Kater, weil es wusste, dass die Katze ihn verstehen konnte. Herr Kater summte in Gedanken vor sich hin, weil er diesem nichtsnutzigen Wichtel auf keinen Fall zuhören wollte. Das wäre ja noch schöner! Eigentlich sollte er sich in diesem Moment auf dem Sofa ausstrecken und einer guten Schallplatte lauschen, während er aufs Frühstück wartete. Da würde er jetzt doch nicht auf so einen Winzling hören! Aber er sah auch Olgas verzweifelten Blick, Olga, die nichts hören, nichts verstehen konnte ... Und so ließ er sich dazu herab, sich diesem unerträglichen Männchen zuzuwenden.

„Ah! Endlich! Jetzt hör mal gut zu, Katze, ihr werdet mich jetzt in den Wald bringen. WIR GEHEN WALD. SIE DA DRÜBEN. DU MICH VERSTEHEN?“

Herr Kater seufzte – sich mit einer solchen Person herumzustreiten, war die reinste Zeitverschwendung. Er leckte sich die Pfote und betrachtete Olga.

„Katze ... du mich verstehen? Sie da drüben!“

Der Wichtel zeigte auf ein Bild und pochte auf die Bäume, die er gezeichnet hatte, und die beiden Erwachsenen. Sie mussten zum Wald.

„Sie da drüben …“, wiederholte Herr Kater in Gedanken. Was für ein unverschämter Wicht!

Kapitel 13

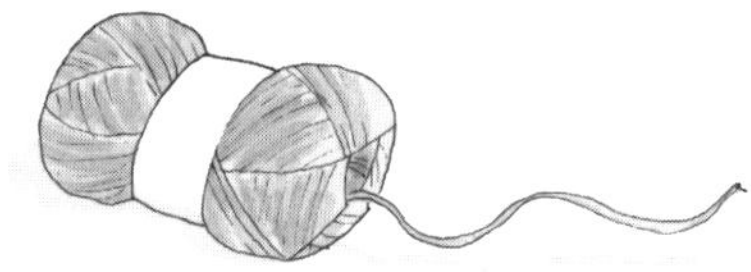

Olga, die sehr vorausschauend war, packte eifrig ihren Rucksack: Schokolade und das restliche Brot würden ihnen nützlich sein sowie Herrn Katers Sardinenkekse, eine Flasche Wasser und ein Wollknäuel. Herr Kater war stolz, mit einem so schlauen kleinen Mädchen befreundet zu sein, und sagte sich, dass er, wenn das alles vorbei war, ausgiebig mit ihr schmusen musste. Olga holte Mathilde: Zu viert loszuziehen, war besser als nur zu dritt! Sie zog ihre Schuhe und ihre Strickjacke an, während Herr Kater schon mit dem Wichtel im Schlepptau nach draußen ging. Olga ließ die Tür zufallen und schloss sie nicht ab. Auf dem Küchentisch hatte sie ein Bild zurückgelassen. Für den Fall, dass ihre Eltern zurückkamen …

Die drei verließen das Haus und machten sich in Richtung Wald auf.

„Katze, nimm mich auf deinen Rücken“, befahl der Wichtel. Herr Kater starrte stur auf einen Grashalm und tat so, als hätte er ihn nicht gehört.

„Katze, NIMM MICH AUF DEINEN RÜCKEN, SONST … sonst, sonst … VERHEXE ICH DAS KLEINE MÄDCHEN! DAS HAST DU DANN DAVON!“

„Aaah! Da haben wir's! Oh, dieser kleine Verräter! Dieser Tunichtgut!“, dachte Herr Kater. „Der auch noch nach Fliegen riecht …“ Er hatte recht gehabt, auf der Hut zu sein! Wie sollte er Olga warnen? Dieser Wichtel war böse! So ein richtiges Teufelchen, jawohl! Herr Kater könnte ihn mit einem Bissen verschlingen, aber wie würden sie dann Olgas Eltern finden …? Da war nichts zu machen, seine Demütigung wäre komplett: Man würde ihn als Reittier missbrauchen. Und so kniete sich Herr Kater hin und ließ den Wichtel auf seinen Rücken klettern. Er sah Olga so durchdringend an, wie er konnte, doch das kleine Mädchen lächelte ihn nur an. Offenbar dachte Olga, Herr Kater und das Männchen würden sich wunderbar verstehen.

Sie überquerten das Feld. Die Sonne wärmte die hohen Gräser, die Olga an den Waden kitzelten. Als sie den Waldrand erreichten, ließ eine kalte Brise alle drei erschauern. Olga betrat den Wald als Erste, holte das Wollknäuel aus ihrem Rucksack und wickelte ein Ende des Wollfadens fest um einen Baumstamm, damit sie später den Weg nach Hause wiederfinden konnten. Herr Kater drehte sich um und warf dem Wichtel auf seinem Rücken einen Blick zu. So etwas Ausgeklügeltes wäre diesem kleinen Kerl nie eingefallen, da war er sich sicher – Kügelchen schießen, ja, das konnte er, aber mal seinen Grips einschalten, das eher nicht! Herr Kater folgte Olga, er würde sie keinen Moment lang aus den Augen lassen.

Der Wald war völlig gewöhnlich: Bäume, Blätter an den Ästen, ein paar Pilze, Efeu, das sich um die Stämme schlang, dichtes grünes Moos … nichts deutete darauf hin, dass ausgerechnet hier irgendwelche Gefahren lauerten.

Der kleine Trupp marschierte zügig voran. Der Wichtel auf Herrn Katers Rücken war auf der Hut. Er blickte immer wieder hinter sich und spähte hin und wieder in die Tiefen des Waldes. Herr Kater hingegen versuchte, an das weiche Sofa zu denken, um sich von den kleinen, dünnen Zweigen abzulenken, die sich ihm schmerzhaft in die zarten Ballen seiner Pfoten bohrten. Und Olga? Sie machte sich vermutlich Sorgen, aber da war noch etwas anderes.

Tief in ihrem Inneren brodelte etwas, ein aufwühlendes Gefühl, das stärker war als ihre Angst: Sie ging einem Abenteuer entgegen, würde ihre Eltern retten und trat in eines der Bilder, das sie aus ihren Büchern kannte.

Je weiter sie vordrangen, umso mehr schien die Kälte sie einzuhüllen. Olga zog ihre Strickjacke enger um sich, das kleine Männchen knöpfte seine Jacke zu und Herrn Kater kam es so vor, als würde

sich sein kleiner Passagier ein wenig tiefer in sein Fell kuscheln. „Ein gigantischer Floh“, dachte Herr Kater zuerst, aber eigentlich gab ihm dieses warme kleine Wesen Kraft. Zwar würde auch er jetzt lieber in Olgas Armen liegen, doch er musste tapfer bleiben und diesem Wichtel zeigen, was eine mutige Katze war!

Kapitel 14

Olga wusste nicht, wie lange sie schon gelaufen waren, und ihr taten allmählich die Beine weh. Ein feiner Nebel waberte um die Bäume herum, durch die Äste drang kein bisschen Sonnenschein und ihre Strickjacke wärmte sie überhaupt nicht mehr. Herrn Katers Schnurrhaare waren schon fast zu Eiszapfen geworden und das kleine, in sein Fell gemummelte Männchen schlotterte am ganzen Körper. Wie aus dem Nichts tauchten Schneeflocken um sie herum auf und die Blätter am Boden wurden zu Eiskristallen. Der Wald erstarrte in Kälte und Eis. Eigentlich liebte es Olga, wenn im Winter die ersten weißen Flocken vom Himmel fielen. Dann spielte sie stundenlang im Schnee, in dem Wissen, dass sie danach in die wohlige Wärme ihres Zuhauses zurückkehren konnte, wo ihre Mama mit Sicherheit ein paar Kekse und eine große Tasse heiße Schokolade für sie bereitgestellt hatte. Ja, so schätzte sie die Winterkälte, aber hier, in diesem Wald, wo die Bäume noch in grüner Pracht hätten erstrahlen sollen, konnte sie keinen Trost finden. Herrn Kater hingegen gefiel der Winter nur im Geborgenen hinter einer Fensterscheibe. Dort fand er immer eine Heizung oder ein schönes Kaminfeuer, das ihm erlaubte, geduldig auf die Rückkehr des Sonnenscheins zu warten.

In diesem Moment aber war ihm kalt und da war auch dieses Geräusch, schrill und durchdringend, das noch kälter war als die Kälte selbst. Es bohrte sich ihm ganz hinterlistig in die Ohren und dröhnte dumpf in seinem Kopf, den Herr Kater unaufhörlich schüttelte, um es loszuwerden. Es war, als würde in seinem Schädel eine Fliege herumschwirren! Auch das kleine Männchen kämpfte gegen die Kälte und das Geräusch an. Es hatte sich die Kügelchen, die ihm als Wurfgeschosse dienten, in die Ohren gesteckt. Das dämpfte zwar den Laut, ließ ihn aber nicht völlig verstummen. Verständnislos beobachtete Olga, wie sich beide die Ohren rieben. Sie blieb stehen, kniete sich neben sie und streichelte Herrn Kater den Kopf, den er wild hin und her warf, während der Wichtel etwas zu brüllen schien. Durch seinen weit aufgerissenen Mund kroch die Kälte in ihn hinein und er fuchtelte so hektisch mit den Händen herum, dass er von seinem Reittier plumpste. Als er auf dem Boden landete, stampfte er mit den Füßen auf, rollte sich zu einer Kugel zusammen und schlug sich auf den Kopf: Er hatte den Verstand verloren! Und dann auf einmal nichts mehr. Das kleine Männchen erstarrte und lag versteinert auf einem herabgefallenen Blatt. Ein Eiszapfen hing ihm von der Nase, die ganz blau geworden war …

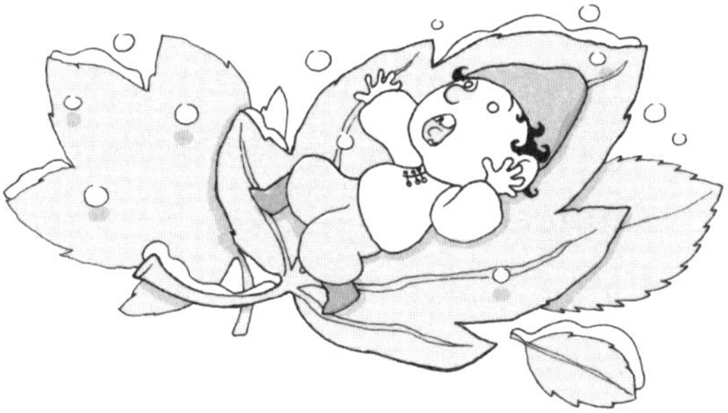

„O nein! Nein, nein!“, dachte Olga. Sie wandte sich zu Herrn Kater um, der sich miauend die Ohren kratzte, und wollte ihn packen, doch er schlug heftig um sich: Er krallte, schnaufte und spuckte! Niemals hätte er Olga ein Leid angetan, aber in diesem Moment hatte er sich nicht mehr unter Kontrolle und fiel mit offenem Maul, als würde er schreien, in Ohnmacht.

Olga zitterte. Sie betrachtete den auf dem Boden liegenden Kater, dessen Fell sich vor Kälte und Schmerz sträubte, hob ihn hoch und drückte ihn an

sich. Olgas Tränen hatten gar keine Zeit, über ihre Wangen zu laufen, so schnell gefroren sie in ihren Augenwinkeln. Herr Kater würde sie doch nie hier so ganz allein lassen, nein, er würde gleich aufwachen und ihre Wange ablecken, um ihr zu sagen, dass alles gut werden würde … Doch Herr Kater wachte nicht auf. Olga öffnete ihre Strickjacke ein wenig, legte Herrn Kater hinein und schloss sie dann wieder, sodass das Tier fest an sie geschmiegt war.

Herr Kater war so eng an sie gedrückt, dass sie an ihrem Bauch ein ganz schwaches Klopfen spürte: Sein Herz schlug noch. Und so nahm Olga vorsichtig den Wichtel in die Hand, hielt ihn sich an die Wange und konnte auch bei ihm einen ganz leichten Herzschlag spüren. Dann steckte sie ihn ebenfalls in ihre Strickjacke und bettete ihn zwischen Herrn Katers Pfoten, die ihn warm halten würden. Auch stopfte sie beiden die Ohren – irgendetwas störte die zwei, vielleicht würde sie das schützen. Und so hatten Herr Kater und das kleine Männchen nun Brotkügelchen als Stöpsel in den Ohren.

Ganz auf sich allein gestellt, ging Olga weiter. Das schreckliche Geräusch des Waldes hatte keine Wirkung auf sie, aber der Nebel wurde dichter und die Kälte noch beißender. In ihren kleinen Stiefeln spürte Olga ihre Füße schon gar nicht mehr …

Kapitel 15

Dabei gab es einmal eine Zeit, als dies ein glücklicher Wald gewesen war. Wie es sich gehörte, lebten die Bäume, die Blumen, die Tiere, der Wind und die Wichtel in völliger Harmonie miteinander. Unter ihnen hatte sich eine Familie in dem hohlen Stamm eines alten Baums niedergelassen, eines gemütlichen und einladenden Baums, in dem Pustel, der Vater, ein behagliches Zimmer eingerichtet hatte. In seiner Mitte thronte ein Tisch mit Stühlen und darum herum standen wie in einem Reigen ein Holzofen, ein Geschirrschrank, ein Kleiderständer, ein Besenständer, ein Bett (das von Pim, dem Sohn), ein Kleiderschrank, ein zweites Bett (das von Pustel und

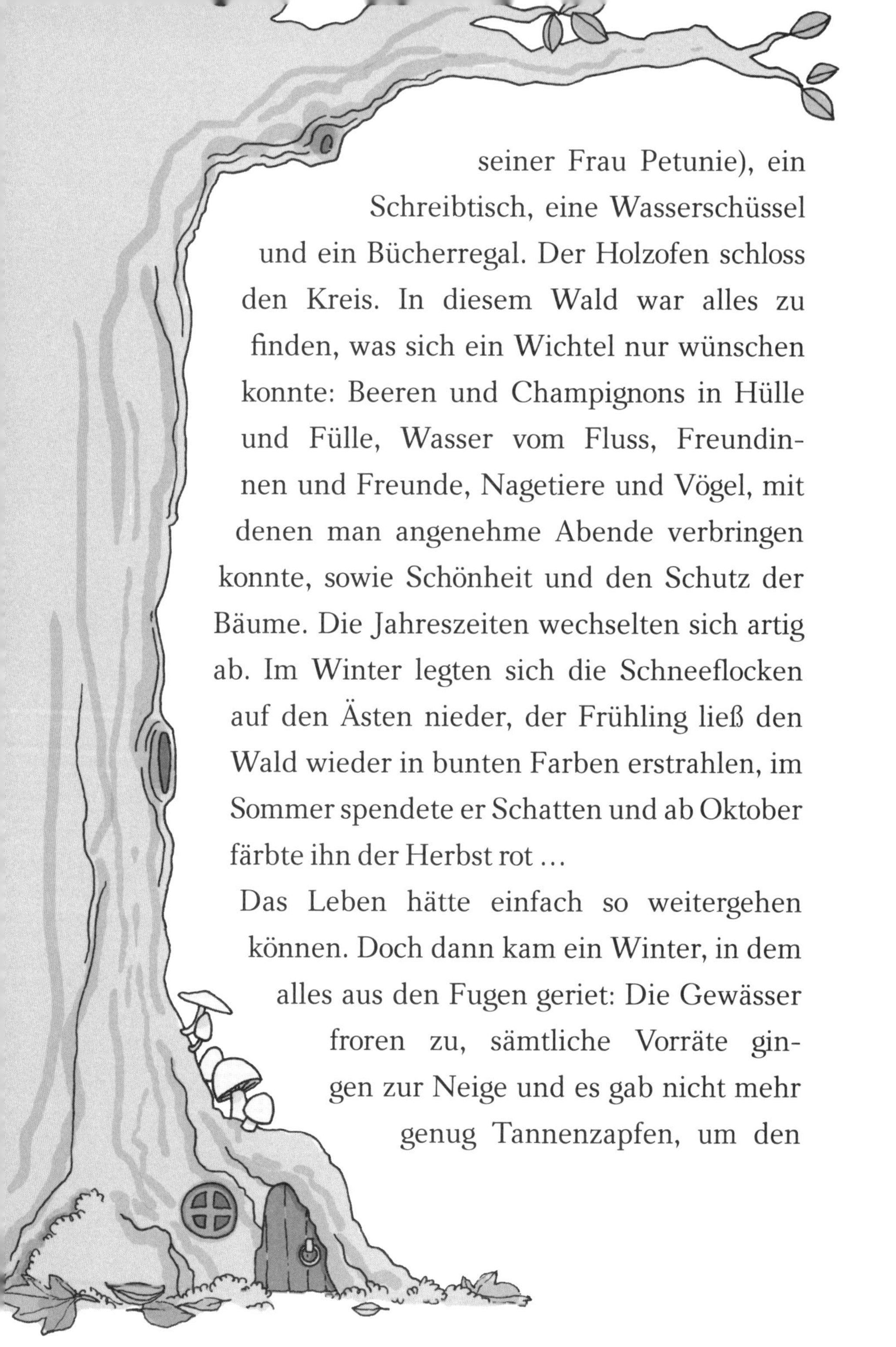

seiner Frau Petunie), ein Schreibtisch, eine Wasserschüssel und ein Bücherregal. Der Holzofen schloss den Kreis. In diesem Wald war alles zu finden, was sich ein Wichtel nur wünschen konnte: Beeren und Champignons in Hülle und Fülle, Wasser vom Fluss, Freundinnen und Freunde, Nagetiere und Vögel, mit denen man angenehme Abende verbringen konnte, sowie Schönheit und den Schutz der Bäume. Die Jahreszeiten wechselten sich artig ab. Im Winter legten sich die Schneeflocken auf den Ästen nieder, der Frühling ließ den Wald wieder in bunten Farben erstrahlen, im Sommer spendete er Schatten und ab Oktober färbte ihn der Herbst rot …

Das Leben hätte einfach so weitergehen können. Doch dann kam ein Winter, in dem alles aus den Fugen geriet: Die Gewässer froren zu, sämtliche Vorräte gingen zur Neige und es gab nicht mehr genug Tannenzapfen, um den

Ofen anzuheizen. In jenem Winter litten Pim und seine Familie unter Kälte, Hunger und Erschöpfung. Ihr Baumstamm bot ihnen keinen Schutz mehr und der sonst so gastfreundliche Wald war zu einer Falle geworden. Pustel kannte ein Menschenhaus am Waldrand, wo er schon des Öfteren Körner und Kekskrümel aus der Küche stibitzt hatte. Und so mummelte sich die Familie in all ihre Stricksachen ein, setzte ihre Mützen auf und marschierte mit allem, was sie tragen konnte, hinaus in den Wald und in Richtung des Hauses. Papa Pustel kannte den Weg, der für Wichtelbeine schrecklich lang war, und der Schnee machte es ihnen auch nicht leichter.

Manchmal blieben sie mit einem ihrer kleinen Stiefel so tief stecken, dass sie ihn wieder ausbuddeln mussten, um zu verhindern, dass ihr Fuß festfror. Schließlich tauchte der Waldrand vor ihnen auf und durch die Äste erblickten sie das Haus. Pim, der müde und völlig durchnässt war und eigentlich ganz andere Sorgen hatte, dachte, dass es zwar ein bisschen zu verschnörkelt war, aber ihm gefiel, dass es einen Turm besaß. Er, der immer nur in hohlen Bäumen gewohnt hatte, fand das sogar ganz famos und das Haus völlig nach seinem Geschmack. Da sie sich so gut wie gerettet wusste, schleppte sich die kleine Familie mit allerletzter Kraft aus dem Wald, erklomm die wenigen Stufen und suchte in der Mauer eine Spalte, durch die sie hineinschlüpfen konnte. Endlich würden sie sich im Warmen und Geborgenen ausruhen können. Würde sie die Menschenfamilie, die Pustel bei seinen Ausflügen gesehen hatte, vielleicht sogar willkommen heißen?

Kapitel 16

Doch sie wussten nicht, dass die nette Familie, die dort gewohnt hatte, vertrieben worden war … Und die neue Herrin des Hauses besaß weder ein Herz noch Mitleid. Diese Frau war so unbarmherzig, eiskalt und grausam, dass niemand an ihrer Seite lebte, außer Katarrh, ihrem Kater, der ihre Stimme noch mehr fürchtete als ihren Charakter. Dieser konnte man in der Tat nur unter Qualen lauschen. Die Laute, die aus ihrem Mund kamen, waren so unangenehm und verdrießlich, gingen einem so durch Mark und Bein, dass kein Mensch sie ertragen konnte.

„Und wenn schon!“, hatte sich die Frau nur gedacht. Dann würde sie sich eben vom Rest der Welt abschotten. Und so hatte sie dieses abgeschiedene Haus gefunden. Wenn niemand sie lieb hatte, dann

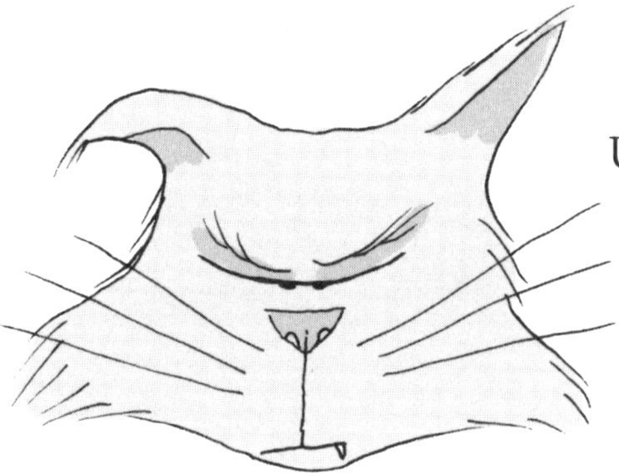

würde auch sie niemanden lieb haben! Und zwei Dinge verabscheute sie mehr als alles andere: Mäuse und Wichtel. Mäuse gab es keine mehr, die hatte ihre Katze alle gefressen. Und Wichtel? Sie war sich nicht einmal sicher, dass sie überhaupt noch existierten – die Welt hatte sich so sehr verändert.

Und so war ihre Überraschung groß, als sie Katarrh mit seinen drei Trophäen entdeckte!

Ja, Pustel und seine Familie waren ihm in die Fänge geraten. Während sie sich in aller Ruhe vor dem Kamin trockneten, sahen sie Katarrh näher kommen. Aber weil sie sich noch nie vor Tieren hatten fürchten müssen, nahmen sie sich nicht in Acht. Sie ergriffen nicht die Flucht, und als ihnen endlich klar wurde, dass Katarrh weder auf einen Plausch vorbeigekommen war, noch um ihnen bei ihrem Einzug zu helfen, war es bereits viel zu spät. Und jetzt saßen sie zwischen seinen Krallen in der Falle. Katarrh musste ihnen nur noch den Garaus machen.

„Warte“, kreischte die Frau, „vernasch sie noch nicht! Ich habe eine Idee!“ Die drei Wichtel verzogen das Gesicht. Diese Stimme! Als würde man mit einem Stein über eine Eisenplatte schaben. Ihr wisst doch bestimmt, was ich meine?

Von Geburt an bösartig, wollte diese gemeine Frau, die alles andere als barmherzig war, den Wichteln viel lieber schreckliche Qualen zufügen, als sie einfach

nur umbringen. Und so höhlte sie in einer Hauswand einen winzigen Raum mit einer winzigen Tür aus, den niemand je zu Gesicht bekommen und der als Gefängnis dienen würde. Drei Strohbetten, ein Ziegelstein anstelle eines Tisches, eine kleine Glühbirne, die ein wenig Licht spendete, und das war's! Sie warf die Familie hinein und schloss die Tür mit einem Lachen oder vielmehr einem schrillen Krächzen ab – es klang ein wenig wie ein verrostetes Gitter, das man nur selten öffnet.

In diesem Raum lebten die Wichtel eine Zeit lang und ernährten sich von den Resten, die ihnen die Frau gnädigerweise überließ, sowie von Fliegen, die sie fingen. Unter der Tür sahen sie Katarrhs Schatten vorbeischleichen, der nur auf eines wartete: dass sein Frauchen vergaß abzuschließen und er sich die Wichtelfamilie endlich einverleiben konnte!

Dieses armselige Leben wollte Pustel nicht einfach so hinnehmen und zermarterte sich mehrere Wochen lang das Hirn, bastelte, dachte nach, verwarf Ideen, fing wieder von Neuem an und heckte schließlich einen Plan aus.

Alles war für die Flucht bereit, es konnte nichts schiefgehen. Doch manchmal, das wisst ihr so gut wie ich, macht uns das Leben einen Strich durch

die Rechnung – da kann man noch so gut vorbereitet sein. Und dann fragt man sich: Was habe ich bloß getan, um das zu verdienen? Vermutlich nichts, aber so ist das Leben eben: Mal ist es einem wohlgesonnen, mal nicht.

Kapitel 17

Pustel hatte bemerkt, dass Katarrh viel schlief, vor allem zwischen 12.15 Uhr und 16.00 Uhr. Sie mussten also während dieser Zeit fliehen. Mit einer von Petunies Haarspangen und einem kleinen Nagel, den er nach vielen mühevollen Versuchen aus dem Boden gezogen hatte, hatte er eine Art Dietrich gebastelt. Mit diesem behelfsmäßigen Schlüssel gelang es ihm, die Tür zu öffnen und sie alle rauszulassen. Die kleine Familie war aus ihrem Gefängnis befreit! Und auch wenn die Luft im Haus nach Schimmel und abgestandener Suppe roch, schmeckte sie dennoch nach Freiheit. Aber wie ihr euch bestimmt denken könnt, war das noch nicht der schwierigste Teil gewesen. Der schwierigste Teil war, vor Katarrhs Nase und Schnurrhaaren nach draußen zu entwischen. Pustel glaubte, die Gewohnheiten des Katers zu kennen, und sein Nachmittagsschläfchen gehörte tatsächlich zu seinen Lieblingsbeschäftigungen. Doch dieser Kater war hinterlistig und verschmitzt und konnte sich ausgezeichnet verstellen. Sobald er das leise Klicken der Tür hörte, bebten seine Schnurrhaare. Er hatte sich ganz in der Nähe niedergelassen und wartete mit unter sich gefalteten Pfoten und geschlossenen

Augen. Von Zeit zu Zeit öffnete er ein Auge einen Spaltbreit und beobachtete, wie die drei Wichtel über den Parkettboden flitzten, wobei ihre kleinen Stiefel kaum das Holz berührten. Katarrh jubelte innerlich und sah sich schon dabei, wie er sie als Beilage zu seiner Schüssel Milch verputzte.

Er geduldete sich noch ein bisschen, bis er es schließlich nicht mehr aushielt und sich auf sie stürzte. Petunie schrie, Pustel schwang ein kleines Stück Holz und Pim pustete in das Blasrohr, das sein Vater für ihn gefertigt hatte. Aber ihr Heldenmut und ihre Unverzagtheit waren völlig vergebens. Nach weniger als zwei Minuten hatte Katarrh die ganze Familie auch schon in seiner Gewalt. Zu allem Unglück kam in dem Moment die schreckliche Frau vorbei: „Na, Katarrh, was versteckst du denn da vor mir?“, fragte sie mit einem grauenhaften Lachen, das so furchtbar schrill und ungeheuerlich grell war – schlimmer als Kreide, die über die Tafel schrappt, schlimmer als eine Gabel, die über den Teller kratzt. Allein bei dem Gedanken daran bekomme ich Zahnschmerzen … Katarrh stand das Fell zu Berge. Der

Kater wusste, dass ihm seine Wichtelmahlzeit wieder durch die Lappen gehen würde.

„Dummes Wichtelpack, damit ist euer Schicksal besiegelt! Zu meiner großen Freude seid ihr unglaublich einfältig!“ Die Frau war wirklich grausam. Sie steckte Vater und Mutter in einen Wichtelkäfig und zwang sie, dem traurigen Schauspiel von Pims Bestrafung zuzusehen: „Verabschiedet euch voneinander!“, befahl sie mit hämischem Lachen, während sie den Sohn in das kleine Wandgefängnis schubste. Er winkte seinen Eltern ein letztes Mal zu und versuchte zu lächeln, bevor ihm die ausgemergelte Hand der Frau die Tür vor der Nase zuschlug. Petunie weinte hemmungslos in den Armen von Pustel, der die Hände zu Fäusten ballte. Die Frau drehte den winzigen Schlüssel in dem winzigen Schloss und befestigte dann einen kleinen Zettel daran, auf den sie ein paar Worte schrieb. Und da gleich dort ein Schreibtisch stand, der zu nichts nütze war, versteckte sie den Schlüssel darin. So zufrieden, wie sie mit ihrem abscheulichen Tun war, hätte man denken können, dass es jetzt gut war, aber nein! Sie hatte einen noch fürchterlicheren Einfall … Als sie das Zimmer verließ, warf sie Petunie und Pustel ein teuflisches Lächeln zu. Sie hörten, wie sie in den Schränken kramte und stöberte, laut Schubladen schloss und über alles, was sie so fand, in Entzückung geriet. Schließlich kam sie mit den Armen voller Tapetenrollen und allen möglichen Pinseln zurück.

Petunie brach zusammen. Fröhlich pfeifend tapezierte die Frau das ganze Zimmer und verbarg auf diese Weise die winzige Tür vor der Welt. Sie fand ihre Idee einfach ausgezeichnet und sah zu Petunie und Pustel, die angesichts so großer Grausamkeit wie gelähmt waren.

„Und mit euch geht es ab in den Wald!“, kreischte die Frau. Sie zog Gummistiefel, Jacke und Überrock an und schnappte sich den Käfig. Mit Katarrh im Schlepptau knallte sie die Haustür zu und gemeinsam marschierten sie tief in den Wald.

Dann passierte Folgendes: Unterwegs beschloss die Frau, die beiden Wichtel schon bald an einer Stelle auszusetzen, wo irgendwelche Tiere kommen und sie zum Abendessen verspeisen würden. Doch sie war so sehr damit beschäftigt, diesen fantastischen Nachmittag und ihren genialen Einfall zu genießen, dass sie ein Loch unter ihren Füßen nicht sah und hineinfiel. Es war aber nicht einfach nur ein bloßes Loch, sondern ein alter Brunnen, der so tief war, dass man sich nicht sicher sein konnte, ob man jemals seinen Grund erreichte.

Wie dem auch sei, die Frau stürzte in die Tiefe und riss Katarrh mit sich, als sie sich an seinen Schwanz klammerte, um sich wieder zu fangen. Dabei stieß sie einen schrillen Schrei, ein markerschütterndes Kreischen aus, das kein Ende nahm und alles Leben in dem Wald zum völligen Stillstand brachte. Die Natur, die Tiere, niemand im Wald konnte es ertragen und kurz darauf drang nicht einmal mehr die Sonne zu diesem Ort durch. Der Schrei würde bis in alle Ewigkeit durch den Wald hallen und wer sich seinem Ursprung näherte, würde zu einer Statue aus Angst und Kälte erstarren …

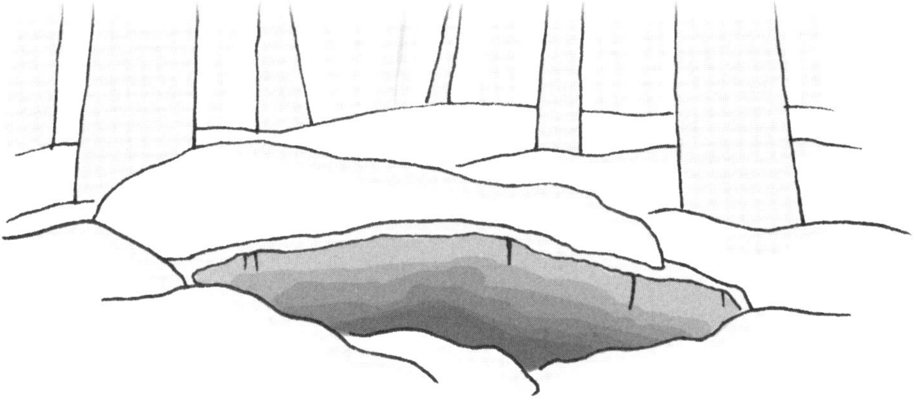

Im Haus war es hingegen totenstill. Niemand war mehr da. Pim dachte, es sei mit ihm zu Ende, dass er nach einem traurigen Leben, in dem er Fliegen fangen würde und das Sonnenlicht nur unter der Tür erahnen könnte, sich hier von der Welt verabschieden müsste.

Bis zu dem Tag, als er wieder Bewegung im Haus hörte: War die Frau zurückgekommen?

Und dann klopfte jemand an seine Tür.

Und wie es dann weiterging, wisst ihr ja …

Kapitel 18

So also fand sich unsere mutige Olga an diesem Ort wieder: Starr vor Kälte, konnte sie keinen Schritt mehr tun und kaum einen Gedanken fassen … An diesem Punkt der Geschichte wollte sie nur noch schlafen, während sie von Wärme, einem Feuer im Kamin und davon träumte, wie sie vorne in einem alten Auto zwischen ihrem Papa und ihrer Mama schön eingezwängt saß … Ihre Knie berührten den Boden. Sie gab auf, sie würde niemanden retten, sie war zu klein und zu müde …

Ja, das passiert manchmal: Man wirft das Handtuch, man sagt sich „Ach, was soll's" und glaubt, es sei alles verloren ... Doch genau in diesem Moment erscheint oft ein letzter Hoffnungsschimmer, irgendeine kleine Sache oder ein winziges Zeichen. Dann muss man sehr gut aufpassen, man darf es nicht übersehen, denn eben das könnte einen vielleicht retten. Und Olga sah es tatsächlich. Die Nebelwolke löste sich auf und für einen kurzen, einen sehr kurzen Augenblick erhaschte Olga etwas. Sie kniff die Augen zusammen. Da, direkt vor ihr, nur ein paar Schritte von ihr entfernt, standen zwei Gestalten, und während sich der Nebel wieder zusammenzog, erkannte sie ihre Mama und ihren Papa. Olga drückte Herrn Kater noch ein wenig fester an sich. Da waren sie! Olga hätte schreien, ihnen zurufen und sagen wollen, dass sie auf sie warten sollten. Sie

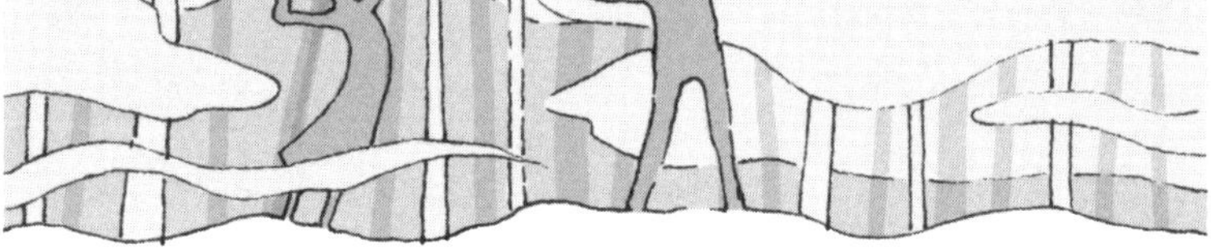

wäre gleich bei ihnen! Sie stand auf und ging auf sie zu. Ihre Eltern hatten sie nicht gesehen, sie rannten ihr nicht entgegen oder winkten ihr zu. Mit Herrn Kater in den Armen kämpfte sich Olga zu ihnen durch. Robert und Fedora rührten sich immer noch nicht. Sie war schon ganz nah, ja, ihre geliebten Eltern waren da, sie waren es wirklich …

Doch auch sie waren zu Statuen erstarrt. Olga konnte sie zwar berühren, aber ihre Haut war kalt, sie konnte sie sehen, aber ihre Blicke waren leer. Die Zeit blieb stehen. Olgas Kopf war leer, sie fühlte nichts mehr, wusste nichts mehr, diesmal war wirklich alles verloren … Da traf sie ein kurzer, schroffer Schlag in die Rippen. Und noch einer! Es war, als würde Olga wieder zu sich kommen, und sie sah blinzelnd nach unten, wo sie Herrn Katers strahlendem Blick begegnete. Tief in ihrer Strickjacke zusammengerollt, erwachte er wieder zum Leben. Sie spürte, wie seine Wärme sie erfüllte. Es war noch nicht vorbei! Herr Kater war zurück.

Da betrachtete sie ihre Eltern genauer. Es sah so aus, als würden sie mit den Händen über den Ohren

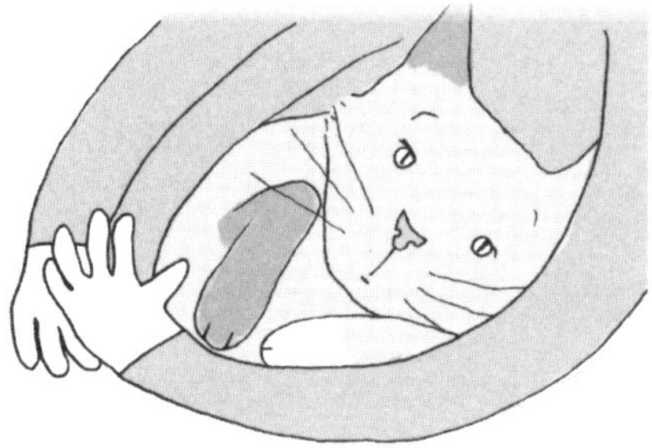

schreien, als würden die Augen ihres Papas und ihrer Mama auf etwas starren. Tatsächlich, ihr Blick schien auf etwas ganz Bestimmtes gerichtet zu sein. Olga sah sich um, doch da war nichts, nur ein Loch, ein schwarzes Loch inmitten der weißen Eislandschaft. Olga dachte nach, sie verstand es einfach nicht, und der kleine Wichtel, der alles wusste, konnte ihr auch nicht helfen. Sie ließ den Blick über ihre Umgebung schweifen und bemerkte einen Käfig. Sie ging darauf zu und entdeckte darin zwei Wichtel, die mit den Händen über den Ohren ebenfalls erstarrt waren. Olga betrachtete die Szene um sich herum: Warum verwandelte sie sich nicht in eine Statue? Was hatten alle anderen, das sie nicht hatte?

Aber Olga stellte sich die falsche Frage. Vielmehr hätte sie sich fragen sollen: Was hatte sie, das die anderen nicht hatten?

Kapitel 19

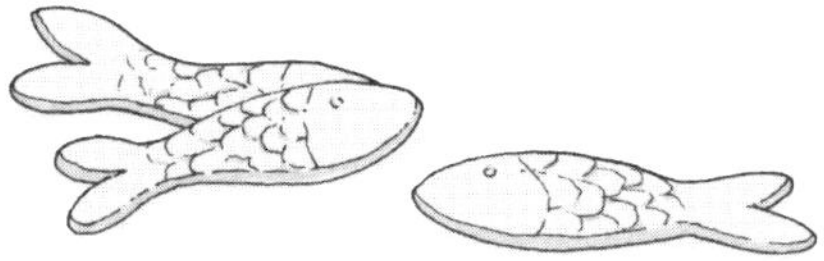

Olga sah Herrn Kater an: Er schleckte sich die Pfoten und versuchte, seinen kleinen Mitbewohner nicht zu sehr herumzuschubsen. Der Wichtel schlief noch, hatte aber wieder etwas Farbe im Gesicht und träumte offenbar. Er rührte sich ein wenig, und als er den Kopf drehte, fiel Olga die kleine Brotkugel auf, die sie ihm ins Ohr gesteckt hatte! Aber ja doch! In Herrn Katers Ohren hatte sie ebenfalls Brotkügelchen gestopft. Jetzt erinnerte sie sich wieder. Und ihr Papa und ihre Mama hielten sich die Ohren zu, genau wie die Wichtel im Käfig! Sie legte sich eine Hand aufs Ohr. Ja, natürlich! Wieso war sie nicht schon früher darauf gekommen? Die Kälte, sagte sie sich, hatte ihre Gedanken erstarren lassen. Die Kälte und auch alles andere, was passiert war. Ich möchte euch mal sehen, wie ihr ohne Eltern und ohne etwas zu hören ganz allein in einem Wald klarkommt, durchgefroren und ohne Freunde! Ah, seht

ihr, da schaut die Sache schon ganz anders und nicht mehr so einfach aus. Olga fasste sich wieder, und als sie feststellte, dass Herrn Katers Nase wieder rosig geworden war, schöpfte sie neue Hoffnung. Auch wenn ihr die Kälte immer noch durch Mark und Bein ging, fühlte sie sich jetzt stärker. Sie betrachtete noch einmal ihre Umgebung. Herr Kater hatte den Kopf aus ihrer Strickjacke gestreckt und man hatte den Eindruck, als würde ein Katzenkopf aus Olgas Hals ragen. Sie sah ihre Mama ganz fest an: Fedora starrte das seltsame Loch nicht nur an, sondern zeigte auch darauf und machte Olga so darauf aufmerksam. Olga trat näher an das Loch heran und Herr Kater krallte sich an der Strickjacke fest, weil ihm ein wenig schwindlig wurde. Das kommt bei Katzen nur selten vor, doch er fand, dass es ihm einen gewissen Charme verlieh. Olga näherte sich also dem Loch, das so groß war wie ein Gullydeckel. Sie gab acht, nicht auszurutschen, und konnte außer tiefster Dunkelheit nichts erkennen. Als sie noch einen Schritt heranging, spürte sie einen Hauch an ihrem Gesicht oder vielmehr eine Vibration, ja, genau, eine Vibration, wie wenn Papa das Radio ganz laut aufdrehte, damit Olga die Musik spüren konnte, die aus

den Lautsprechern kam. Eine unglaublich kräftige Schallwelle kam aus diesem Loch. Diesmal begriff Olga sofort: Dieses Geräusch, das aus den Tiefen der Erde dröhnte, war für das alles verantwortlich, hatte aber auf sie keine Wirkung.

Sie musste etwas tun! Also gut, als Allererstes sammelte Olga Laub, Zweige, Gräser, einfach alles ein, was sie unter dem Schnee finden konnte, um ein Nest zu bauen. Dort hinein legte sie den Wichtel, Herrn Kater und Mathilde und deckte sie dann mit ein paar Blättern zu. Herr Kater wusste zwar, dass es zu seinem Besten war, aber er wusste auch, dass er, wenn das alles endlich vorbei wäre, ein ordentliches Bad nehmen würde. Er sah Mathilde an, die das alles offenbar nicht sonderlich beeindruckte. Olga kramte in ihrem Rucksack, fand die Sardinenkekse und legte sie vor Herrn Kater. Herr Kater sah sie an: Er würde Olga auf immer und ewig lieben. Dann schnappte sie sich das restliche Brot, nicht um herzhaft hineinzubeißen und sich so zu stärken, o nein, ganz und gar nicht. Sie wärmte es an ihrem Bauch, drückte es platt, formte dann schöne kleine Kugeln daraus – vier Stück, um genau zu sein – und steckte sie ihren Eltern in die Ohren. Auch den Wichteln, die sie durch die Gitterstäbe ihres Käfigs erreichen konnte, stopfte sie die Ohren mit ganz kleinen Brotstücken. Die beiden sahen ihrem Wichtel erstaunlich ähnlich, dachte sie bei sich. Sobald sie allen die Ohren gestopft hatte, musste Olga eine sehr schwierige Entscheidung treffen.

Kapitel 20

Schließlich war Olga auf ihre Mama zumarschiert – mit einem der beiden musste sie ja anfangen, hatte sie sich gedacht. Sie schlang die kleinen Arme um die Taille ihrer Mama, drückte sie mit aller Kraft und rieb ihr energisch Rücken und Beine. Sie rieb und rieb und rieb. Wenn es ihr gelang, ihre Mama aufzuwärmen, würde sie wie Herr Kater wieder aufwachen. Olga drückte sanft das Gesicht gegen Fedoras Bauch, schloss die Augen und versprach: „Wenn sie wieder zu meiner Mama wird, schwöre ich, immer nett zu sein und mir ordentlich die Zähne zu putzen und nie wieder zu lügen und …“ Plötzlich traf sie ein Ellbogen am Kopf: eine erste Reaktion! Olga dachte, dass sie in ihrem ganzen Leben nie wieder so glücklich sein würde … und dass sie ihr Zimmer ab jetzt immer würde aufräumen müssen. Als Erstes bewegte ihre Mama den Kopf, dann die Hände, sie berührte ihre Ohren und nach und nach konnte sie die Knie beugen und ihr kleines Mädchen richtig umarmen.

Sie sahen sich an und dann rannten die beiden zu Robert, um auch ihn zu umarmen. Herr Kater war aus dem Nest geklettert und wärmte ihm bereits die Füße.

Die Familie war endlich wieder vereint. Mit ihrer ganzen wiedergefundenen Kraft drückten Fedora und Robert ihre Tochter. Sie lächelten und waren zugleich verwundert und überglücklich. Robert nahm seine Frau und seine Tochter bei der Hand. Es war an der Zeit, von hier zu verschwinden. Aber Olga hielt sie zurück und führte sie zu dem Nest, wo sie den schlafenden Wichtel entdeckten.

Wisst ihr, mit dem Erwachsensein ist das so eine Sache: Wenn man erwachsen ist, glaubt man nämlich nicht mehr an gewisse Dinge. Kindern fällt es nicht schwer zu akzeptieren, dass hinter den Wänden ein Wichtel lebt. Wenn ihr einem Wichtel begegnen würdet, wärt ihr bestimmt total begeistert. Erwachsene hingegen würden es nicht glauben. Sie könnten sich noch so sehr die Augen reiben, sie weit aufreißen, sie zudrücken und wieder aufschlagen, sie würden es einfach nicht glauben können. Da würden sie eher davon ausgehen, dass etwas mit ihrem Gehirn nicht stimmt oder sie Halluzinationen haben, eben weil etwas mit ihrem Gehirn nicht stimmt. Aber, wisst ihr, Olgas Eltern waren ein bisschen anders als andere Erwachsene, weshalb ihnen beim Anblick des Wichtels vor Überraschung kleine weiße Schwaden aus dem Mund entwichen. Fedora nahm den kleinen Wichtel vorsichtig in die Hand und pustete ihm ganz sanft auf den Bauch. Zuerst kratzte er sich an der Nase, dann am Rücken und schließlich schlug er die Augen auf. Ein entsetzter Ausdruck trat in sein Gesicht und er kniff sofort wieder die Augen zu, rollte sich zusammen und rührte sich nicht mehr. Fedora kitzelte ihn ganz leicht am Rücken und wuschelte ihm ein wenig durchs Haar, woraufhin er ein Auge aufschlug, in die Runde blickte und Olga wiedererkannte. Herrn Kater erkannte er auch und verzog das Gesicht. Mit einem Mal stand er auf. Er gestikulierte wild, sprang auf und ab, quasselte ohne Punkt und Komma und marschierte auf Fedoras Handfläche hin und her. Als er sich endlich wieder beruhigte, streckte Olga die Arme nach ihm aus und brachte ihn zum Käfig hinüber. Das kleine Männchen fing an zu weinen. Da öffnete Robert den Käfig und Fedora und er nahmen jeweils einen Wichtel in die hohle Hand. Jetzt mussten sie aber wirklich nach Hause gehen, denn auch wenn sie vor dem schrillen Schrei geschützt waren, machte ihnen die Kälte weiterhin zu schaffen und es würde bald dunkel werden. Olga schnappte sich ihren Rucksack und Mathilde und band das lose Ende ihres Wollknäuels an einen Baum, damit sie den Weg nach Hause fanden und der Schnur hierher zurück folgen konnten. Denn sie würden hierher zurückkommen müssen, um dem ganzen Spuk ein Ende zu setzen.

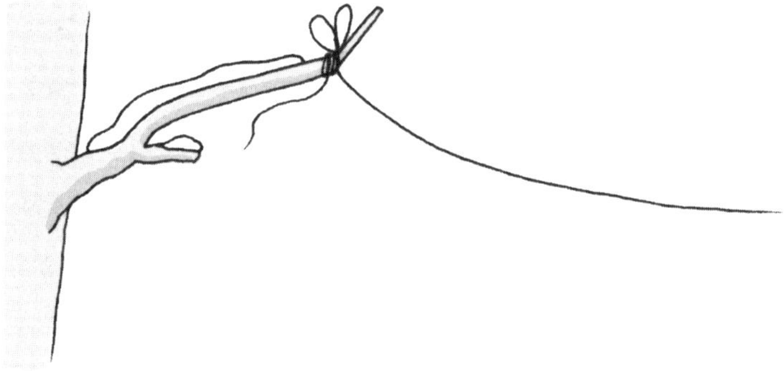

Kapitel 21

Im Kamin knisterte das Feuer und sie konnten durch das Fenster die Sterne leuchten sehen. Alle waren im Wohnzimmer versammelt und verschlangen die köstlichen Syrniki, die Fedora zubereitet hatte. Obwohl sie alle keinen einzigen Brotkrümel mehr in den Ohren hatten, sagte niemand ein Wort. Alle schwiegen, von diesem Abenteuer noch ganz mitgenommen. Wie war es bloß möglich, fragten sich Robert, Fedora und Olga, dass sie jetzt auf einem Sofa saßen und zusammen mit Wichteln russische Quarkpfannkuchen aßen, nachdem sie stundenlang in einem Wald zu Statuen erstarrt gewesen waren? Ihr versteht bestimmt, dass das ganz schön verwirrend sein kann. Und was war nur dieses grauenhafte Geräusch? Und dieses Loch? …

Schließlich ergriff Pustel das Wort, aber man konnte ihn nur hören, wenn man ganz besonders die Ohren spitzte, und selbst dann war seine Stimme so leise, dass man die Worte kaum verstehen konnte. Da hatte Fedora eine Idee: Sie rannte zu ihrem Schreibtisch und kam mit einem Lautsprecher und einem Mikrofon zurück. Sie stellte das Mikro auf den Tisch, drehte den Lautstärkeregler ganz auf und forderte den Wichtel auf zu sprechen. „ICH BIN PUSTEL.“ Sie drehte den Ton ein wenig leiser. „Ich bin Pustel, das sind Petunie und unser Sohn Pim.“ Und während er auf dem niedrigen Tisch stand, erzählte er ihnen ihre ganze Geschichte.

Robert wiederholte alles in Gebärdensprache, das heißt, er bildete die Worte des Wichtels mit den Händen, sodass auch Olga der Geschichte folgen konnte. Herr Kater lauschte, während er sich mit großer Sorgfalt die rechte Pfote ableckte. Diesen Katarrh fand er auf Anhieb unsympathisch und betrachtete ihn als einen armseligen Vertreter seiner Art. Als von der Frau die Rede war, waren die Wichtel ganz aufgebracht und wurden schrecklich wütend. Petunie hatte Tränen in den Augen und drückte ihren Sohn an sich. Auch Pim meldete sich zu Wort und erzählte, wie Olga ihn gefunden und er anfangs Angst gehabt hatte. Denn wie hätte er wissen können, dass sie nicht grausam war, auch wenn sie nur ein Mensch mittlerer Größe war? Und dann war da noch die Katze. Er erklärte, dass er die beiden in den Wald hatte führen wollen, damit sie ihm bei der Suche nach seiner Familie halfen. Er wusste nicht, dass auch Olga ihre Eltern suchte. Doch er war sich sicher gewesen, dass sie ihm nützlich sein würde, falls sie der fürchterlichen Frau begegnen sollten … Olga lächelte ihn an, weil sie verstand, warum er das alles getan hatte. Herr Kater konnte es auch verstehen, hätte es jedoch vorgezogen, wenn er nicht als Reittier missbraucht worden wäre.

Robert hatte Fragen zu dieser Frau, dem Loch und dem Wald. Pustel erklärte, mimte und erzählte, wie die Frau in die Tiefe gestürzt und der Käfig durch die Luft geflogen und auf dem Boden gelandet war. Dann hatte der Schrei durch den Wald gehallt und danach erinnerte er sich an nichts mehr. Er erklärte, wie groß seine Angst um Pim, allein hinter der Wand, gewesen war. Er redete und redete … Bis Robert und er schließlich entschieden, dass es Zeit war, schlafen zu gehen. „Ab ins Bett, meine Lieben!“, rief Robert. Doch als er sich umdrehte, sah er Fedora, Olga und Mathilde, die mit den beiden anderen Wichteln in den Armen eingeschlafen waren. Herr Kater hatte einen Platz auf Fedoras Schoß gefunden und schnarchte. Robert nahm ein Kissen, auf das sich Pustel legte, und er selbst machte es sich in einem Sessel bequem. Die sanften Flammen wärmten sie und sie fielen sofort in einen tiefen Schlaf.

Kapitel 22

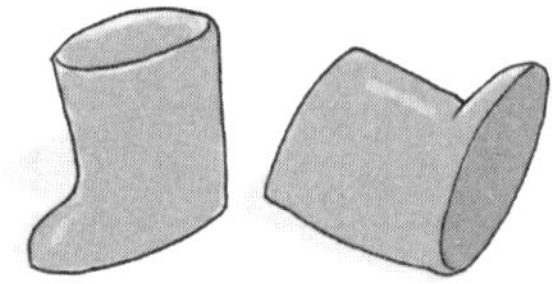

Herr Kater verstand einfach nicht, warum alle unbedingt wieder in den Wald gehen wollten. Hatten sie es denn nicht schön hier? Es war wohlig warm, es gab reichlich zu essen, ihnen allen ging es gut, der Sommer stand vor der Tür und so langsam schätzte er sogar Pims Gesellschaft. So konnte es doch wunderbar weitergehen. Hier konnte ihnen das schreckliche Geräusch nichts anhaben. Er beobachtete, wie alle geschäftig hin und her eilten. Robert hatte mehrere Holzbretter geholt und so zusammengefügt, dass sie fest miteinander verbunden waren. Er hatte auch seine Schachtel mit den Ohrenstöpseln gefunden, die er manchmal benutzte, wenn er dringend an seinen Lateinübersetzungen arbeiten musste und seine Frau nebenan Stimmübungen machte. Fedora bereitete belegte Brote vor (Herr Kater war ganz versessen darauf: eine Scheibe Toastbrot, eine Scheibe Käse, eine Scheibe Schinken, eine Scheibe Käse und dann wieder eine Scheibe Toastbrot – er nannte es das „Scheiben-Sandwich“). Und Olga … Ach, ja? Wo war Olga?

Sie war mit der Wichtelfamilie im dritten Stock. Zu viert standen sie vor der winzigen Tür und Pim und seine Eltern starrten sie an, als würde sie sich gleich auf sie stürzen und verschlingen wollen. Tränen kullerten über Petunies Wangen. Die gemalten Bilder vom Vortag lagen alle noch verstreut auf dem Boden herum. Pim rannte zum Fuß des Schreibtischs, holte den kleinen Schlüssel, den er hinter einem Bein versteckt hatte, und gab ihn Pustel. Dieser ging mit zitternder Hand auf die Tür zu und drehte den Schlüssel im Schloss. Als der Holzflügel aufschwang, schlug ihnen ein strenger Geruch aus dem kleinen Raum dahinter entgegen und Olga hielt sich unwillkürlich die Nase zu. Pustel beugte sich vor, um einen Blick hineinzuwerfen, wandte sich noch mal zu seiner Frau und seinem Sohn um und trat dann nach einem kurzen Zögern ein. Ein paar Augenblicke später kam er mit den Armen voller Taschen und winzigen Kleidern wieder heraus: „Ich habe alles mitgenommen, Petunie, wir werden nie wieder hierher zurückkehren!“

Mit diesen feierlichen Worten

wählte er einen violetten Pulli, blaue Strumpfhosen und Handschuhe aus. Die waren gelb. Olga beobachtete, wie die Wichtel herumwuselten, Strümpfe anzogen und sich gleich in mehrere Wollpullover einmummelten. Olga bedauerte, dass sie sie nicht hören und auch nicht mit ihnen sprechen konnte …

Aber als sie noch einmal darüber nachdachte, fand sie es gar nicht mehr so schlimm. Denn sie war jetzt mit Wichteln befreundet und so ein Glück hatte nicht jeder! Olga wusste genau, was ihr fehlte, aber sie wusste auch zu schätzen, was sie hatte. Also, wenn das nicht der Schlüssel zu einem glücklichen Leben ist! Schreibt euch das irgendwo auf.

Wie schon so oft blies Robert zum Aufbruch: Sie stellten sich alle draußen vor die Treppe des Hauses und obwohl die Sonne schien, trugen sie alle Parkas, Anoraks, Pullover und die verschiedensten Kopfbedeckungen. Auch Herr Kater war dem nicht entgangen, Fedora hatte ihn in einen von Olgas Babypullis gesteckt. Dieser Anblick hätte sie alle zum Lächeln bringen können, aber sie wussten, was sie im Wald erwartete, und niemandem war nach Lachen zumute (vor allem nicht Herrn Kater). Robert nahm die Bretter und eine kleine Schaufel und verteilte an alle ein wenig Wachs, das sie sich in die Ohren steckten. Robert hob den Daumen und die anderen taten es ihm gleich. Man hätte sie für Taucher halten können, die einander am Grund des Ozeans mit einfachen Gesten versichern, dass alles in Ordnung war. Zu siebt bildeten sie eine Art Tauchergruppe, nur eben an der Luft. Die Wichtel kletterten in den Korb, den Fedora für sie vorbereitet hatte. So würden sie den Weg in Tücher eingemummelt unter ihrem Arm und neben den belegten Broten zurücklegen. Sie blickten alle zum Wald: Zeit zu gehen.

Strammen Schrittes marschierte Robert an der Spitze voran, gefolgt von Olga und Herrn Kater. Fedora bildete das Schlusslicht ihrer kleinen Gruppe, die sich durch das hohe Gras schlängelte und dann durch die Bäume trat.

Kapitel 23

Dank Olgas Einfallsreichtums mussten sie nicht lange nach dem Weg suchen. Der rote Wollfaden war immer noch da und je tiefer sie in den Wald vordrangen, umso steifer und weißer wurde er. Die Kälte machte ihn so zerbrechlich wie Glas. Aber unser kleiner Trupp fürchtete sich nicht vor der eiskalten Luft. Diesmal nicht! Trotzdem hatte Olga Herrn Kater unterwegs in die Arme genommen. Ihr war aufgefallen, dass er keine Stiefel trug. Als sie den Brunnen endlich erreichten, mussten sie nur noch Roberts Plan ausführen, und der war ganz einfach: das Loch schließen.

Fedora stellte den Korb auf den Boden und Pustel

und Olga kurzerhand darauf. Dann hüpfte Pim, gefolgt von Pustel und Petunie, aus dem Korb und die Wichtel stellten sich ebenfalls auf die Bretter. Wie auf einer kleinen Insel standen alle nun eng aneinandergedrängt da.

Unter ihren Füßen spürten sie, wie der Luftzug am Holz kratzte. Robert sammelte die größten Steine ein, die er finden konnte, und schichtete sie auf die Bretter. Kurz darauf lagen genügend Steine auf der Abdeckung, damit alle ihren Platz verlassen und dabei helfen konnten, das Loch zu schließen. Robert und Fedora gaben das Tempo vor, Olga warf Kieselsteine darauf und Pim, Pustel und Petunie winzige Mengen Erde. Herr Kater, der sich ihnen angeschlossen hatte, fing an, die Erde mit seinen Hinterpfoten aufzuwühlen. Robert schnappte sich die Schaufel und begann, den gefrorenen Waldboden aufzugraben. Die Steine mussten zugeschaufelt werden und das war bei der harten Erde alles andere als einfach. Doch je länger er buddelte, umso mehr hatte er das Gefühl, dass der Grund weicher und die Kälte weniger wurde. Er grub ohne Unterlass und kurz darauf, als nur noch ein schwacher orangefarbener Sonnenstrahl durch die Äste drang, blieb von dem schwarzen Loch nicht mehr als ein frischer Erdhaufen übrig.

Olga sah sich um. Alles um sie herum veränderte sich! Der Wald nahm wieder Farbe an …

Kapitel 24

Der Himmel leuchtete golden und zwischen dem Geäst konnte man die untergehende Sonne erahnen. Alle waren erschöpft und glücklich und betrachteten ihr Werk mit strahlenden Gesichtern. Sie lächelten sich an, küssten einander und weinten. Herr Kater umkreiste den Korb, denn sie hatten die belegten Brote noch gar nicht gekostet. Sie erlaubten sich eine kurze Pause, um eine Kleinigkeit zu essen – ein Picknick mitten im wieder zum Leben erwachten Wald. Olga seufzte: Was für ein Abenteuer! Sie hatte ihre Mama und ihren Papa gerettet und Bekanntschaft mit einem kleinen Wichtel gemacht! Pim seufzte ebenso. Er hatte seine Eltern

gerettet und ein kleines Mädchen kennengelernt: Was für ein Abenteuer, ja, was für ein Abenteuer!

Bevor sie wieder aufbrachen, legte er in die Mitte des Erdhaufens über dem Brunnen eine Eichel, eine kleine fröstelnde Eichel, die er unter dem Eis gefunden hatte. Dann nahmen sie ihre Sachen, die Schaufel und die Taschen. Die drei Wichtel warfen einen letzten Blick auf den Käfig, den sie dort zurückließen: Wichtelkäfige sollten verboten werden! Und dann machten sie sich alle gemeinsam wieder auf den Heimweg und folgten noch einmal dem roten Faden. Niemand sprach ein Wort oder nahm die Stöpsel aus den Ohren. Alle blieben noch ein wenig in Olgas Welt.

Kapitel 25

Und so nahm das Leben wieder seinen Lauf und nach und nach fand jeder seinen Platz. Pim und seine Familie ließen sich im Haus nieder oder genauer gesagt in einem Haus im Haus oben im zweiten Stock. Robert hatte ihnen ein kleines Heim gebaut, so niedlich, so hübsch. „Ein richtiges Puppenhaus“, dachte Olga. Sie hatten jeder ein eigenes Zimmer und es gab sogar ein Wohnzimmer und eine Waschküche. Robert hatte wirklich an alles gedacht. Aber, na ja, am gemütlichsten war immer noch das Wohnzimmer des großen Hauses, wo sich alle am Ende des Tages zusammenfanden, plauderten, Musik hörten, Kreuzworträtsel lösten, Bücher ansahen, malten oder strickten. Auf Bitten der Wichtelfamilie hatte Robert die Tür in der Wand in Olgas Zimmer herausgenommen, das Loch zugemauert und, wie er es Olga versprochen hatte, die Wände mit einer neuen Tapete versehen, die auch sehr hübsch war (mit Bäumen und Sternen).

Robert setzte die winzige Tür in die große Haustür ein, damit die Wichtel ganz nach Belieben kommen und gehen konnten. Sie hatten den Schlüssel. Mit Roberts und Fedoras Hilfe baute Olga ihnen Möbel und alle möglichen klitzekleinen Gegenstände. Olga

wusste, dass sie von jetzt an zusammen mit ihrer Familie, mit Pim, Petunie und Pustel und mit Herrn Kater und Mathilde hier wohnen würde. Sie würden nicht mehr umziehen. Robert würde nicht mehr einfach so eines Morgens die Koffer packen. Alle hatten hier ein Zuhause gefunden. Im Turm waren die Wände von Büchern bedeckt und am Fenster stand ein Teleskop, mit dem sie die Sterne betrachten und zuschauen konnten, wie die Rehe in der Nähe des Waldes herumhüpften. Olgas Schlafzimmer ähnelte jetzt anderen Kinderzimmern: Nach und nach füllte es sich mit (winzig kleinen und großen) Bildern an den Wänden, neuen Büchern, Holzstücken, Steinen und anderen Schätzen, die nur Kinder als solche erkennen.

Und falls euch jemals die Lust überkommen sollte, die siebzehnte Schublade des Schreibtisches zu öffnen, würdet ihr dort zwei kleine Kaninchen finden: Das eine knabbert an einer Karotte und das andere spielt „Häschen hüpf“.

Kapitel 26

Auch im Wald ging das Leben weiter. Dort war es nicht mehr kalt, die Tiere waren zurückgekehrt: Eichhörnchen rannten die Äste entlang, Kaninchen gruben ihren Bau, die Jahreszeiten hatten ihren Rhythmus wiedergefunden und der Gesang der Meisen ersetzte den grässlichen Schrei der Frau. Der Käfig war mit Efeu überwuchert und die kleine Eichel war gewachsen: Ein ganz zartes Bäumchen hatte auf dem Erdhaufen Wurzeln geschlagen. Wenn ihr dem roten Faden folgt, könnt ihr es finden, und wenn ihr die Hand ganz flach auf seinen Stamm legt, spürt ihr vielleicht sogar eine leichte Vibration.

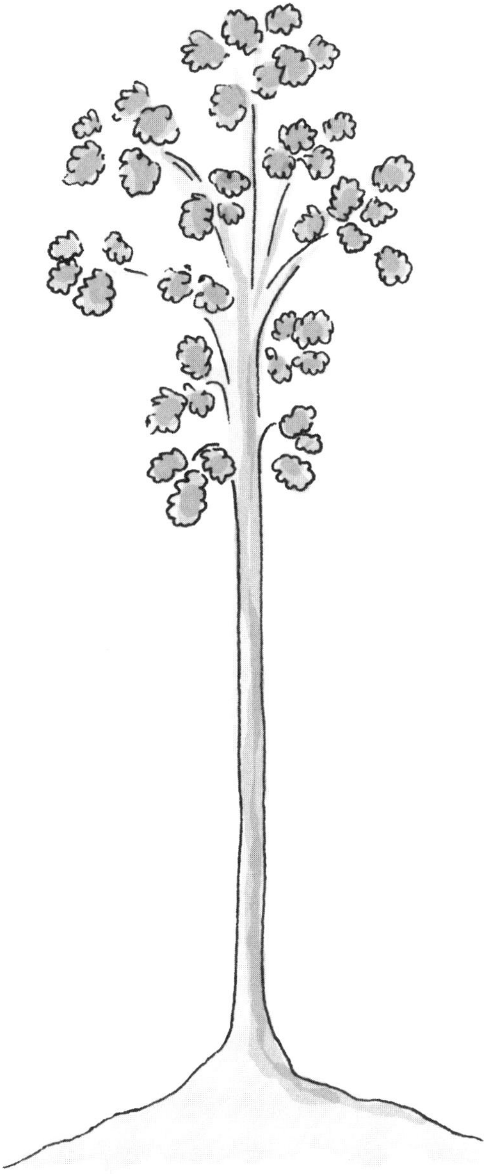

Danksagung

Danke an Didier, der mir Chrysostome vorgestellt hat, der die Welten hörbeeinträchtigter und gehörloser Menschen kennt.

Danke an Anne-Laure für ihre netten E-Mails voller guter Ratschläge.

Danke an Michaël für seine Unterstützung und seine Liebenswürdigkeit.

Danke an Carole und an alle meine Glückssterne, die mich umgeben und mir den Weg zeigen, wenn ich im Wald erstarrt und verloren bin.

Und danke an meinen Gaspar, der den kleinen Schlüssel unter dem Parkettboden gefunden hat. Du erfüllst mein Leben mit Freude.